CHINA

Bericht und Ergebnisse einer Konsultation

CHINA –

Herausforderung an die Kirchen

Herausgegeben
von Niels-Peter Moritzen
und Bernward H. Willeke

VERLAG DER EV.-LUTH. MISSION ERLANGEN

ERLANGER TASCHENBÜCHER BAND 27

© 1974 Verlag der Ev.-Luth. Mission Erlangen

Dieser Verlag bildet mit dem Evangelischen Missionsverlag
Korntal bei Stuttgart und dem Freimund-Verlag Neuendettelsau
die Verlagsgemeinschaft Weltmission

Umschlag: Helmut Herzog;
Scherenschnitt: Sammlung Italiaander —
das verbreitete Bild soll den jungen Mao Tse-tung darstellen

Übersetzungen aus dem Englischen,
soweit nicht anders vermerkt: N. P. Moritzen

Gesamtherstellung: Missionshandlung Hermannsburg

ISBN 3 87214 060 4

INHALT

Dr. Moritzen: Das Ziel der Konsultation	7
Gebet mit den Christen Chinas	9
Biblisches Wort Jesaja 49	10
Meditation	12
Dr. C. L. Yu: Kurze Darstellung der Entwicklungspolitik der Volksrepublik China unter besonderer Berücksichtigung der Landwirtschaft	13
Dr. M. Y. Cho: Wie sozialistisch ist die Außenpolitik der Volksrepublik China?	21
Biblisches Wort Johannes 12, 20—26	29
Meditation	30
Preis der wahren Schönheit — ein Lied	31
Dr. Willeke: Die katholische Kirche und die Volksrepublik China	33
Leslie T. Lyall: China als Herausforderung an die Kirchen	53
Winfried Glüer: China als Herausforderung an die Kirchen	63
Die große Hoffnung — Choral	81
Arbeitsweise und Ertrag der Chinakonsultation	82
Christliche Verantwortung über China — Schlußbericht der Konsultation	84
Jonas Jonson: Die China-Studie des Lutherischen Weltbundes	88
Donald E. MacInnis: Das Thema China in amerikanischen Kirchen	91
Literatur in Auswahl	94

AUTOREN DIESES BANDES

Dr. M. Y. Cho ist Mitarbeiter des Instituts für Asienkunde, Hamburg, lehrt Politische Wissenschaft an der Universität Hamburg und ist Korrespondent der Far Eastern Economic Review für Europa, Adresse: 2 Hamburg 55, Godeffroystraße 24.

Pastor.Winfried Glüer war bis 1973 als Missionar der Vereinigten Evangelischen Mission (Wuppertal-Barmen) in Hongkong zuletzt am christlichen Zentrum für das Studium chinesischer Religion und Kultur tätig; er steht jetzt im Dienst der Missionsanstalt Hermannsburg, Adresse: 34 Göttingen, Nikolausberg, Holleweg 13.

Leslie T. Lyall, M. A., Missionar der China-Inland-Mission (heute: Overseas Missionary Fellowship), bekannt als Autor mehrerer Bücher über die Kirche in China, Adresse: »Ardnagreena«, 107. Ashurst Road, Friern Barnet, London N. 12.

Prof. Dr. Niels Peter Moritzen, früher Exekutivsekretär des Deutschen Evangelischen Missionsrates, heute Professor für Missionswissenschaften in der Evangelisch-Theologischen Fakultät der Universität Erlangen-Nürnberg, Adresse: 8520 Erlangen, Jordanweg 2.

Prof. Dr. Bernward Willeke, früher Franziskaner-Missionar im Dienst in Japan und den USA, heute Professor für Missionswissenschaft an der Katholisch-Theologischen Fakultät der Universität Würzburg, Adresse: 8700 Würzburg, Sanderring 2.

Dr. C. L. Yu war bis Ende 1972 Mitarbeiter des Instituts für Asienkunde, Hamburg, und lehrt jetzt als Assistenzprofessor für Sozio-ökonomische Probleme in der Übergangsgesellschaft Chinas am Ostasiatischen Seminar der Freien Universität Berlin, Adresse: Berlin 42, Blumenweg 1.

DAS ZIEL DER KONSULTATION

Von Prof. Dr. N. P. Moritzen

Bald nach der Kulturrevolution fanden sich an verschiedenen Stellen einzelne Christen, die die Frage nach der Bedeutung Chinas gegenüber dem Weg der Christenheit nicht zur Ruhe kommen ließ. Es kam in Westdeutschland zur Bildung eines China-Arbeitskreises beim Deutschen Evangelischen Missions-Rat und zu vermehrter Bemühung um die bei uns lebenden Chinesen. Vom China-Arbeitskreis wurden zwei kleinere Konsultationen in Zusammenarbeit mit dem Katholischen Missionsrat in Tübingen 1969 und 1971 veranstaltet. Diese Arbeit führte zur gemeinsamen China-Konsultation des Katholischen und des Evangelischen Missions-Rates im März 1973 in der Evangelischen Akademie Arnoldshain/Taunus. Dabei waren um Entsendung von Vertretern gebeten einmal die Missionen, die früher in China gearbeitet haben, zum anderen die Gliedkirchen, drittens missionswissenschaftliche Institute und Ausbildungsstätten; dazu kamen einige Gäste aus der Ökumene. Es nahmen 45 Personen teil, die alle schon ein erhebliches Maß an Vorkenntnissen und Engagement mitbrachten. Mit dieser Gruppe sollte versucht werden, die Herausforderung, die das neue China für die christlichen Kirchen bedeutet, zu erfassen und zu formulieren und womöglich eine Grundlage oder eine Richtung für die Antwort gemeinsam zu finden. Die Ergebnisse sollten der Weiterarbeit in einem breiteren Rahmen dienen. Ein Schritt dazu ist die Vorlage dieses Berichtes.

Das Programm der Konsultation bestand aus drei Elementen: Zwei biblische Meditationen und ein ökumenischer Gebetsgottesdienst dienten der Besinnung auf die Grundlagen christlicher Existenz in der Welt. Die Referate dienten der Bestandsaufnahme und Konfrontation mit den vorliegenden Phänomenen. Die Aussprache in Gruppen diente der Auseinandersetzung und Klärung.

Die Bestandsaufnahme vollzog sich in drei Schritten: Ein erstes Referat, das als Bestandteil einer noch unabgeschlossenen Dissertation hier nicht mit abgedruckt werden kann, zeichnete die Ereignisse der Jahre am Beginn der Volksrepublik, wie sie Missionsblätter zweier evangelischer Missionen wiedergaben, kritisch nach[1]. Dieser Rückblick weckte nicht nur Erinnerungen, sondern machte zugleich die veränderte Situation und die Spannung darin deutlich.

Zweiter Schritt der Bestandsaufnahme waren die Referate von Dr. Yu und Dr. Cho, die in faszinierend lebendiger Weise das Phänomen des neuen China so interpretierten, wie es wohl kaum ein Europäer aus der Distanz könnte[2]. Dritter Schritt der Bestandsaufnahme waren die Referate über die Haltungen der Kirchen, wobei neben einem römisch-katholischen Beitrag ein evangelikaler Beitrag stand sowie ein protestantischer Bericht, der besonders die Haltung der chinesischen Christen selber zum Gegenstand hatte. Dazu kamen einige Berichte der Gäste aus der Ökumene, von denen zwei mit abgedruckt sind. Außerdem wurde ein Bericht von L. T. Lyall aus London und von P. E. Pedersen aus Aarhus über dortige China-Studienarbeit gegeben.

Die Konferenzleitung hat keine Äußerung zu unterbinden gesucht, sondern Möglichkeiten für ein brüderliches und menschlich offenes Gespräch angeboten. Dies wurde trotz des bescheidenen Rahmens, wenn auch nicht ohne Spannungen, möglich. Nur wenige Teilnehmer sprachen sich eindeutig für eine Verwerfung des Maoismus als antichristlich aus, wie andererseits nur wenige eine überwiegend positive Wertung des Maoismus vortrugen.

Um das geistliche Klima der Konferenz im Bericht jedenfalls anzudeuten, geben wir außer den Referaten und Berichten auch Texte und Grundgedanken der Meditationen wieder und drukken einige Choralverse ab, die in China entstanden sind.

---

[1] Pastorin Ilse Hass, Missionswissenschaftliches Seminar der Universität Hamburg: »Die protestantische Christenheit in der Volksrepublik China und die Chinaberichterstattung in der deutschen evangelischen Missionsliteratur.«
[2] Die Referenten stehen dem Gedankengut Maos nahe; sie sind keine Christen, waren aber bereit, im Rahmen einer christlichen Gruppe zu referieren.

GEBET MIT DEN CHRISTEN CHINAS

Zeit der Ängste, Zeit des Kriegs,
unsichtbar das Ziel des Siegs
Sinnlos alles, ohne Glut . . .
Spül' mit deiner Gnadenflut
uns're trüben Augen aus,
führ die müde Seel' nach Haus.

Gott belohnet den, der frei,
stehet dem Gefall'nen bei.
Hoffe drum, verirrter Mut,
Christ am Kreuzweg führt dich gut
durch das enge Himmelstor
zu der Seligkeit empor.

Chinesischer Choral aus Cantate Domino, Genf 1971, Nr. 85

BIBLISCHES WORT

Jesaja 49, 1—13

Höret mir zu, ihr Inseln, und ihr Völker in der Ferne, merket auf!

Der Herr hat mich gerufen von Mutterleib an, er hat meines Namens gedacht, da ich noch im Schoß der Mutter war, und hat hat meinen Mund gemacht wie ein scharfes Schwert; mit dem Schatten seiner Hand hat er mich bedeckt; er hat mich zum glatten Pfeil gemacht und mich in seinen Köcher gesteckt und spricht zu mir: Du bist mein Knecht, Israel, durch welchen ich will gepriesen werden.

Ich aber dachte, ich arbeitete vergeblich und brächte meine Kraft umsonst und unnütz zu, wiewohl meine Sache des Herrn und mein Amt meines Gottes ist.
Und nun spricht der Herr, der mich von Mutterleib an zu seinem Knechte bereitet hat, daß ich soll Jakob zu ihm bekehren, auf daß Israel nicht weggerafft werde — darum bin ich vor dem Herrn herrlich, und mein Gott ist meine Stärke — und spricht: Es ist ein Geringes, daß du mein Knecht bist, die Stämme Jakobs aufzurichten und die Bewahrten Israels wiederzubringen; sondern ich habe dich auch zum Licht der Heiden gemacht, daß du seist mein Heil bis an der Welt Ende.

So spricht der Herr, der Erlöser Israels, sein Heiliger, zu der verachteten Seele, zu dem Volk, das man verabscheut, zu dem Knecht, der unter den Tyrannen ist: Könige sollen leben und aufstehen, und Fürsten sollen niederfallen um des Herrn willen, der treu ist, um des Heiligen in Israel willen, der dich erwählt hat.
So spricht der Herr: Ich habe dich erhört zur gnädigen Zeit, und ich habe dir am Tage des Heils geholfen und habe dich behütet und zum Bund unter das Volk gestellt, daß du das Land auf-

richtest und die verstörten Erbe austeilest; zu sagen den Gefangenen: Geht heraus! und zu denen in der Finsternis: Kommt hervor! daß sie am Wege weiden, und auf allen Hügeln ihre Weide haben. Sie werden weder hungern noch dürsten, sie wird keine Hitze noch Sonne stechen; denn ihr Erbarmer wird sie führen, und wird sie an die Wasserquellen leiten. Ich will alle meine Berge zum Wege machen, und meine Pfade sollen gebahnt sein. Siehe, diese werden von ferne kommen, und siehe, jene von Mitternacht und diese vom Meer und jene vom Lande Sinim.

Jauchzet, ihr Himmel, freue dich, Erde, lobet, ihr Berge, mit Jauchzen! Denn der Herr hat sein Volk getröstet und erbarmt sich seiner Elenden.

MEDITATION

Das Volk Gottes hat im babylonischen Exil seine Freiheit und seine nationalen und religiösen Institutionen verloren. Es lebt als winzige Minderheit unter fremder Kontrolle. Die wesentliche Frage ist die des Überlebens. Nur ein Faktor hindert Unterwerfung und Eingliederung. Das erlittene Schicksal war von den Profeten angekündigt. Es war Gottesgericht über eigene Schuld.

In der Anonymität taucht eine profetische Stimme auf. Die Erwartung des Volkes möchte persönlichen Schutz gegen die Übermacht des Staatsvolkes, Lösung vom Gefühl der Schuld und vielleicht, als kühnste Hoffnung, eine Rückkehr.

Die profetische Stimme durchbricht den engen Kreis dieser Erwartungen. Sie gewinnt einen weltweiten Horizont. Die Väter hatten nur das eigene Land und die Nachbarn im Blick. Jetzt geht die Sicht bis an die Enden der Erde.

Wo das Volk Sicherung des Bestandes erhofft, erklingt der Ruf zum Dienst. Die persönliche Fürsorge Gottes gilt dem, der Gott dient.

Wo das Volk nach Vergebung fragt, erfährt es von Gottes viel umfassenderem Plan. Er will mehr als die Rettung eines Restes. Sein Heilswille umgreift die Völkerwelt.

Wo das Volk von Heimkehr träumt, spricht der Profet im Namen Gottes von Mission. Dies Wort löst von der Vergangenheit. Es stellt die Weite der Verheißung und den Weg des Dienstes vor das Gottesvolk.

Denn wenn sich die Lager öffnen und der Druck der Umerziehung nachläßt, dann hat Gott mit allen etwas vor, was ihnen zu einem Leben verhilft, über dem sie Gott preisen.

KURZE DARSTELLUNG
DER ENTWICKLUNGSPOLITIK
DER VOLKSREPUBLIK CHINA
UNTER BESONDERER BERÜCKSICHTIGUNG
DER LANDWIRTSCHAFT

Von Dr. C. L. Yu

China war und ist ein Entwicklungsland. Es hat über 700 Millionen Einwohner und eine Gesamtfläche von 9,6 Millionen qkm, wovon nur ca. 11 % Ackerland sind.
Wie in allen Entwicklungsländern hatte der primäre, d. h. landwirtschaftliche Sektor Chinas vor der Gründung der Volksrepublik China im Jahre 1949 einen überwiegenden Anteil an der Gesamtwirtschaftsstruktur. Das Schwergewicht der Produktion und der Arbeitskräfte lag deshalb auch auf diesem Sektor. Der seit dem verlorenen Opiumkrieg im Jahre 1842 versuchte Industrieaufbau war China bis 1949 offenbar nicht gelungen. Der sekundäre, d. h. industrielle Sektor hat sich mit erheblichen ausländischen Investitionen im Verlauf des vergangenen Jahrhunderts zwar langsam ausgedehnt, er hatte jedoch keine entscheidende Bedeutung für die Entwicklung der gesamten Volkswirtschaft Chinas.
Nur durch die gelungene sozialistische Revolution im Jahre 1949 hat China die grundlegenden Voraussetzungen für die Industrialisierung geschaffen: a) konsequente Kollektivierung der Landwirtschaft (Landreform — Genossenschaft — Volkskommune), b) strenge Verstaatlichung aller Produktionsmittel, c) völlige Abschaffung des feudalistischen Systems und der halbkolonialen Wirtschaftsstruktur. Der Sozialismus dient hier offensichtlich nicht nur als Zielsetzung der chinesischen Revolution, sondern auch als wichtiges und effektives wirtschaftspolitisches Instrument für die Durchführung der Industrialisierung. Die Industrialisierung Chinas ist erst seit 1950, genauer gesagt seit der Durchführung des ersten Fünfjahresplans im Jahre 1953, ernsthaft in Gang gesetzt worden. Schon 1956, ein Jahr vor Voll-

endung des ersten Fünfjahresplanes, war der Anteil der Industrieproduktion am Sozialprodukt Chinas mit 54,7 % erstmalig höher als der der Agrarproduktion[1]. Dies deutet darauf hin, daß die Wandlung in der chinesischen Wirtschaftsstruktur tatsächlich begonnen hat. Das heißt: China ist auf dem Wege, sich von einem Agrarland in ein Industrieland zu verwandeln.
Auf der anderen Seite konzentrieren sich trotz dieser Wandlung noch immer über 80 % aller Arbeitskräfte auf den landwirtschaftlichen Sektor, d. h. die Umstrukturierung der Beschäftigten war in China wenig erfolgreich, denn die während des ersten Fünfjahresplanes aufgebaute kapitalintensive Industrie kann nur einen Bruchteil der bäuerlichen Bevölkerung Chinas aufnehmen. Die Verlagerung der Arbeitskräfte vom landwirtschaftlichen zum industriellen Sektor ist für China schon deshalb schwierig, weil zu viele Menschen in der Landwirtschaft tätig sind. Eine Freistellung von nur 10 % der bäuerlichen Bevölkerung würde z. B. bereits die Beschaffung von etwa 50 Millionen Arbeitsplätzen in der Industrie bedeuten, von dem dafür benötigten Investitionskapital und den dadurch entstehenden sozialen Problemen (z. B. Verkehrsengpässe, Wohnungsnot usw.) ganz abgesehen. Unter diesen Umständen war die chinesische Regierung gezwungen, gleich nach der Vollendung des ersten Fünfjahresplanes im Jahre 1957 einen eigenen Weg zu finden, um unter den im Lande gegebenen Bedingungen eine sozialistische Gesellschaft aufzubauen.
Im Jahre 1957 schrieb Mao Tse-tung: »Wenn ich von unserem Weg zur Industrialisierung spreche, meine ich in der Hauptsache das Verhältnis in der Entwicklung der Schwerindustrie, der Leichtindustrie und der Landwirtschaft... Unser Land ist ein großes Agrarland, dessen Bevölkerung zu mehr als 80 % auf dem Land lebt; die Entwicklung der Industrie muß gleichzeitig mit derjenigen der Landwirtschaft erfolgen, nur dann wird die Industrie Rohstoffe und einen Absatzmarkt haben, und nur dann wird es möglich sein, mehr Mittel für den Aufbau einer mächtigen Schwerindustrie zu akkumulieren[2]«. Tatsächlich müs-

---

1 Ten Great Years, Peking, 1960.
2 Mao Tse-tung: Vier philosophische Monographien von Mao Tse-tung, Peking, 1968, S. 142 ff.

sen 80 % aller industriellen Produkte Chinas, insbesondere die Konsumgüter, in der Landwirtschaft abgesetzt und 70 % der Rohstoffe (z. B. Tabak, Zuckerrohr, Baumwolle, Jute, Erdnüsse, Getreide usw.) von der Landwirtschaft an die Industrie geliefert werden[3]. Eine einseitige Industrialisierung auf Kosten der Landwirtschaft würde nicht nur den größten Binnenmarkt der Welt mit seinen über 500 Millionen Konsumenten vernachlässigen, sondern auch die wichtige Rohstoffquelle für die Entwicklung einer eigenen Industrie zerstören. Außerdem stellt die Landwirtschaft auch einen bedeutenden Absatzmarkt für die Schwerindustrie Chinas dar, da »die der Landwirtschaft dienenden Maschinen und Düngemittel, Ausrüstungen für Wasserwirtschafts- und Kraftwerksprojekte, Transportmittel und -anlagen sowie Brennstoffe und Baustoffe für den Zivilbedarf usw. infolge der allmählichen Entwicklung der technischen Umgestaltung und der täglich fortschreitenden Modernisierung der Landwirtschaft immer mehr werden... Durch die Entwicklung der Landwirtschaft und der Leichtindustrie wird die Schwerindustrie Absatzmärkte und Geldmittel erhalten und so noch rascher wachsen[4].«
Nach diesem Entwicklungskonzept Maos soll die Wirtschaft Chinas eine koordinierte Entwicklung zwischen der Industrie und der Landwirtschaft nehmen, wobei die Landwirtschaft die Grundlage für die Entwicklung der Gesamtvolkswirtschaft darstellt. Die bis heute in China gültige Parole dafür heißt: ›Die Landwirtschaft als Grundlage und die Industrie als führender Faktor.‹ Dies kann jedoch nur durch die Durchführung der Politik des ›Auf-zwei-Beinen-Gehens‹ und der Politik der Massenlinie in der Praxis realisiert werden:

I. Die Politik des Auf-zwei-Beinen-Gehens

bedeutet für die Wirtschaftsentwicklung Chinas:
a) Die Industrie wird nicht auf Kosten der Landwirtschaft gefördert, vielmehr sollen sich diese beiden Sektoren gegenseitig helfen und fördern.

3 Jen Min Jih Pao, Peking, 22. 6. 1972.
4 Mao Tse-tung, a. a. O.

b) Der Industrieaufbau soll nicht nur auf zentraler Ebene mit modernen Verfahren, sondern gleichzeitig auf lokaler Ebene (Provinz, Stadt und Volkskommune) mit konventionellen Verfahren erfolgen.
c) Die Durchführung der Industrialisierung soll nicht allein von der Zentralstelle gelenkt werden und sich nicht nur auf die Mitarbeit von Ingenieuren, Fachleuten, Fabrikdirektoren und Parteifunktionären stützen; sondern man muß mit gezielten Maßnahmen die Initiative der Massen fördern und damit eine möglichst aktive Teilnahme der breiten Massen der Bevölkerung bzw. der Bauernschaft an diesem Prozeß erreichen.
Es wurden z. B. von 1958 bis 1959, also während der Periode des großen Sprungs nach vorn, in den Volkskommunen 200 000 kleine Industriebetriebe aufgebaut, die unmittelbar auf dem Lande 5 Millionen und bis Frühjahr 1959 7 Millionen oder 3,5 % der gesamten ländlichen Arbeitskräfte absorbierten[5]. Von 1960 bis 1962 lagen wegen der drei Jahre lang dauernden schweren Naturkatastrophen große Teile der lokalen Industrie still. Erst seit Beginn der Kulturrevolution, d. h. seit 1966, hat sie wieder den Umfang von 1958 erreicht. Heute produziert China auf lokaler Ebene — und zwar in fast allen Regionen — 41 verschiedene Typen von Traktoren und 37 Typen von Kraftfahrzeugen, ohne die in diesem Zeitraum überall in China hergestellten zahlreichen neuen Achsenschlepper hinzuzurechnen[6]. Im Jahre 1971 machte die Produktion der kleinen lokalen Düngemittelfabriken und der kleinen Zementwerke bereits 40 bis 50 % der Gesamtproduktion Chinas aus[7]. Alle diese Steigerungen der lokalen Produktion tragen direkt dazu bei, die Intensivierung und Modernisierung der Landwirtschaft und damit auch die Steigerung der landwirtschaftlichen Produktion zu beschleunigen, ohne die Kapazität der staatlichen großen Industrie auf zentraler Ebene dafür in Anspruch zu nehmen.

---

5 Jen Min Jih Pao, 14. 11. 1959
6 China aktuell, Hamburg, Nov./Dez. 1972
7 Peking-Rundschau, Peking, 28. 9. 1971

Zusammenfassend kann man sagen, daß die in den vergangenen Jahren in China durchgeführte Politik des Auf-zwei-Beinen-Gehens bzw. der gleichzeitigen Entwicklung von Industrie und Landwirtschaft und des gleichzeitigen Aufbaus von Großindustrie und Mittel- und Kleinindustrie die folgenden Vorteile mit sich gebracht hat:

a) Durch den Aufbau der lokalen Industrie werden sowohl das auf lokaler Ebene akkumulierte Kapital als auch die auf dieser Ebene vorhandenen unbeschäftigten oder unterbeschäftigten Arbeitskräfte mobilisiert.

b) Der Aufbau der lokalen Industrie schafft Millionen von Arbeitsplätzen auf dem Lande, so daß eine sinnlose und kostspielige Verstädterung weitgehend vermieden wird. Die industriellen Kleinbetriebe dienen zugleich als Lehrwerkstätten auf dem Lande, in denen die Massen unmittelbar beim Arbeiten Kenntnisse in der industriellen Fertigung erwerben können.

c) Die lokale Industrie versorgt einen großen Teil der ortsansässigen Konsumenten und hilft zugleich bei der Intensivierung der Landwirtschaft. Auf der anderen Seite bedeutet die steigende landwirtschaftliche Produktion eine Erhöhung des ländlichen Pro-Kopf-Einkommens, was wiederum die Absatzmöglichkeiten und die Produktion der lokalen Industrie erweitert bzw. erhöht.

d) Die Ausdehnung der lokalen Industrie schafft neue Nachfrage nach Investitionsgütern, die nach dem Relationsprinzip zwangsläufig zur Förderung der Schwer- bzw. Großindustrie und schließlich zur Beschleunigung der gesamtwirtschaftlichen Entwicklung führt.

II. Die Politik der Massenlinie

Was die Landwirtschaft anbelangt, ist die Kollektivierung, insbesondere die Gründung der Volkskommunen, auf dem Lande die Grundvoraussetzung für die Durchführung der Politik der Massenlinie. Denn nur dadurch ist die Mobilisierung der Massen und der rationelle Einsatz der Arbeitskräfte in großem Aus-

maß möglich. Die für die landwirtschaftliche Arbeit auf dem Feld nicht benötigten überschüssigen Arbeitskräfte einer Kommune können nun für andere Zwecke wie Aufforstung, Kanal- und Straßenbau usw. eingesetzt werden, womit sich die Beseitigung der latenten Arbeitslosigkeit (Grenzproduktivität gleich null) endlich ohne direkte Hilfe von der Industrie realisieren läßt, was für ein überbevölkertes Entwicklungsland von großer Bedeutung ist. Die hierdurch aufgebaute Infrastruktur auf dem Land wird wiederum die landwirtschaftliche Produktion begünstigen und damit die Lage der Landwirtschaft dieser Kommune verbessern. Außerdem bedeutet die Gründung der Volkskommunen eine erhebliche Vergrößerung der landwirtschaftlichen Betriebsgröße. Sie schafft die Vorbedingung für die Mechanisierung und Modernisierung der Landwirtschaft und damit für eine weitere Entwicklung der Landwirtschaft Chinas. Im Gegensatz dazu waren die landwirtschaftlichen Betriebe vor der Revolution klein, unrentabel und entwickelten sich nicht weiter.
Aber die Politik der Massenlinie bedeutet noch mehr für die wirtschaftliche Entwicklung Chinas. Sie kennzeichnet nicht nur den ›Stil‹ des sozialistischen Aufbaus, sondern auch die ›Art‹ der Durchführung aller Politik in China. Diese Politik bedeutet hier, daß der Staat trotz seiner wichtigen leitenden Rolle in einer sozialistischen Gesellschaft die Initiative der Massen möglichst weitgehend zur Geltung kommen lassen soll.
Der Aufbau der kleinen Industrie ist ein konkretes Beispiel dafür, wie man die Massen in China mobilisiert und ihre Initiativen sich möglichst entfalten läßt:
Der Bau der Kleinindustrie in einer Kommune bedeutet *Neuinvestition mittels eigener Akkumulation.* Die Finanzierungsprobleme solcher Investitionen werden in Sachdiskussionen der Kommuneversammlung geklärt. So wird z. B. zunächst festgestellt, welche Bedürfnisse als erste befriedigt werden sollten. Die Aufstellung der Dringlichkeitsskala der Bedürfnisse muß deshalb besonders sorgfältig und demokratisch betrieben werden, weil sie sowohl die Planung der Kommune als Ganzes als auch die Pläne der Unterorgane (Produktionsbrigaden, Produktionsmannschaften) mitberücksichtigen muß. So begünstigt z. B. der Bau einer Zuckerfabrik zwar zunächst nur diejenigen Pro-

duktionsbrigaden, die Zuckerrohr anbauen und also Lieferanten sind; ihre Produkte kommen jedoch der ganzen Kommune zugute, da der Gesamtzuckerbedarf der Kommune zu niedrigen Preisen gedeckt wird, zumal die Transportkosten hier entfallen. Solche Überlegungen und Diskussionen, die jedes Kommunemitglied angehen, zwingen die Massen direkt oder indirekt, bei der Planaufstellung mitzuwirken.
Die aus eigenen Mitteln errichtete Fabrik wird die Güter produzieren, die nach der *Dringlichkeitsskala der Bedürfnisse* am notwendigsten sind. Diese durch die Massendiskussion entstandene Dringlichkeitsskala dient also auch noch dazu, die Akkumulation vernünftig zu verwenden und Fehlinvestitionen zu vermeiden.
Da auch das Produktionsprogramm einer Fabrik unter Mitwirkung der Massen gestaltet wird, die z. B. Quantität, Qualität und die Verwendung der Produkte festlegen, können die Produzenten hier unmittelbar über ihre Produkte bestimmen.
All dies zeigt deutlich, daß weder die Verbesserung der Gesamtlage der Landwirtschaft noch die Steigerung der landwirtschaftlichen Ertragsleistung ohne die Kollektivierung in China realisierbar ist. China ist daher kein Modell für diejenigen Entwicklungsländer, die die Kollektivierung auf dem Land ablehnen. Dennoch kann man vielleicht aus den chinesischen Erfahrungen folgendes Entwicklungskonzept für die heutigen Entwicklungsländer aufstellen:
1. Das Gewicht der Investitionen soll nicht aus nationalen oder Prestigegründen überwiegend auf dem Sektor der Schwerindustrie liegen.
2. Das Verhältnis zwischen Industrie und Landwirtschaft in der gesamtwirtschaftlichen Entwicklung muß stets richtig behandelt werden.
3. Da die Bevölkerung der Entwicklungsländer hauptsächlich auf dem Lande lebt, soll die Landwirtschaft unbedingt gefördert werden, wodurch die Kaufkraft der Bauern erhöht und der Binnenmarkt belebt werden kann. Dies wird wiederum die Entwicklung der Leichtindustrie begünstigen.
4. Die durch die steigende Nachfrage der Bauern nach Konsumgütern beschleunigte Entwicklung der Leichtindustrie schafft zugleich neue Nachfrage nach Rohstoffen aus der Landwirtschaft

und Anlagen aus der Schwerindustrie. Damit wird die gesamtwirtschaftliche Entwicklung vorangetrieben werden.
5. Leichtindustrie benötigt relativ geringes Investitionskapital. Der Bau dieser Industrie kann leicht mit staatlichen Mitteln in Form von Krediten gefördert werden.
Hiernach ist zu verstehen, weshalb über 90 % der von China in Entwicklungsländern aufgebauten Projekte zur Leichtindustrie gehören.

WIE SOZIALISTISCH IST DIE AUSSENPOLITIK DER VOLKSREPUBLIK CHINA?

Von Dr. M. Y. Cho

Um diese Frage zu beantworten, müssen wir zunächst wissen, wie eine sozialistische Außenpolitik bestimmt sein soll, und dann vergleichen, wie die chinesische Außenpolitik in Theorie und Praxis ist, war und wahrscheinlich sein wird.

1. Die Marxisten oder die Marxisten-Leninisten sehen zwei Aspekte in ihrer Auffassung von Außenpolitik. Zum einen vertreten sie die Ansicht, daß die Außenpolitik keine automatische Widerspiegelung der Innenpolitik, sondern vielmehr eine Fortsetzung der Innenpolitik mit anderen Mitteln ist. Zum anderen handelt es sich um das Prinzip des sogenannten proletarischen Internationalismus, d. h. letzten Endes um das Prinzip der Weltrevolution.
Wir alle wissen zwar, daß Clausewitz gesagt hat, Krieg sei die Fortsetzung der Politik mit anderen Mitteln; aber hier gehen die Marxisten-Leninisten einen Schritt weiter, freilich von dieser These ableitend: Die Außenpolitik ist ihrer Ansicht nach die Fortsetzung der Innenpolitik mit anderen Mitteln. Das ist auch konsequent. Denn diese Revolutionäre wollen eine andere Gesellschaftsordnung zunächst zu Haus (Innenpolitik) und dann darüber hinaus in der ganzen Welt (Außenpolitik) herbeiführen.

Der proletarische Internationalismus bedeutet daher einerseits die Solidarität und Geschlossenheit der sozialistischen Staaten untereinander und andererseits die Unterstützung der revolutionären Bewegung der Werktätigen in nichtsozialistischen Ländern.

Natürlich bin ich mir der Problematik bewußt, die in der Frage liegt, wer die konkrete sozialistische Außenpolitik bestimmen soll. Die Chinesen haben ihre Auffassung von sozialistischer Außenpolitik; die Sowjets haben eine eigene Auffassung. Jeder behauptet, daß seine Außenpolitik die richtige Anwendung der sozialistischen Prinzipien sei. Aber ich will hier nicht auf diese Kontroverse eingehen, sondern nur auf die Problematik hinweisen. Hier kann nicht bestimmt werden, welches die richtige marxistische Auffassung ist. Wenn Karl Marx selber einmal gesagt hat, er sei kein Marxist (»Tout ce que je sais, c'est que moi, je ne suis pas marxiste!«), dann kann ich noch weniger hier die marxistische und sozialistische Außenpolitik definieren.
Unser Hauptthema ist die Theorie und Praxis der chinesischen Außenpolitik. Wir wollen die Grundzüge der chinesischen Außenpolitik mit der allgemein anerkannten Grundauffassung von sozialistischer Außenpolitik vergleichen, wie diese eingangs dargestellt wurde.
Die auswärtigen Beziehungen der Volksrepublik China werden offiziell auf zwei Ebenen, von der Regierung und von der Partei, gepflegt. Dazu kommen inoffiziell bzw. offiziös als dritte Ebene Beziehungen ›von Volk zu Volk‹, d. h. durch ›Volksorganisationen‹, die weder Staatsorgane noch Parteiorganisationen sind.
a) Der Grundsatz für Beziehungen von Regierung zu Regierung, d. h. der zwischenstaatlichen Beziehungen, bei denen es sich im Grunde um die herkömmliche Diplomatie handelt, wurde bereits in dem gemeinsamen Programm der politischen Konsultativkonferenz des Chinesischen Volkes vom 29. September 1949 folgendermaßen formuliert: »Die Zentrale Volksregierung der Volksrepublik China ist bereit, mit jeder ausländischen Regierung, die ihre Beziehungen zu der reaktionären Gruppe der Kuomintang abbricht und sich gegenüber der Volksrepublik China freundlich verhält, in Verbindung zu treten und diplomatische Beziehungen aufzunehmen auf dem Fundament (Chich'u) der Gleichheit, des gegenseitigen Nutzens und der gegenseitigen Achtung der Gebietshoheit« (Artikel 56).
Hierin wurden deutlich die fundamentalen Interessen der Volksrepublik China definiert: Gleichheit, gegenseitiger Nutzen und gegenseitige Achtung der Gebietshoheit. Auch wer den Begriff

des ›Nationalinteresses‹, wie er von den ›Realisten‹ um Hans Morgenthau entwickelt worden ist, als typisch für die bürgerlich-westliche Politologie abtut, kann eine praktische Identität zwischen diesem ›Fundamentalinteresse‹ und dem ›Nationalinteresse‹ Chinas nicht leugnen.
Es ist in Ost und West unumstritten, daß das primäre Ziel jeder einzelstaatlichen Außenpolitik die Wahrung des eigenstaatlichen Interesses ist, was sich zunächst einmal in eigenstaatlicher Selbstbehauptung äußert und durch ›gegenseitige Achtung der Gebietshoheit‹ realisiert wird. Was die Begriffe ›Gleichheit‹ und ›gegenseitiger Nutzen‹ betrifft, so sind sie ja den Völkerrechtlern bekannt als selbstverständliche, entweder positivistisch abgeleitete oder naturrechtlich dargestellte Grundrechte jedes souveränen Staates.
Darum stellt China in der Gegenwart eine Reihe einstiger, mit imperialistischen und kolonialistischen Mächten geschlossenen Verträge in Frage, insbesondere jene ›ungleichen Verträge‹, in denen der Leistung der Chinesen keine ausgleichende und ihnen nützliche Gegenleistung entsprach. Es geht dabei um juristische Konsequenzen der bekannten Unterscheidung zwischen ›foedera inaequalia‹ und ›foedera aequalia‹. Im Falle des chinesisch-sowjetischen Streites um gewisse Gebiete stellt sich besonders die Frage, ob und inwiefern die ›clausula rebus sic stantibus‹ hier anwendbar ist. Nach dieser Klausel kann sich ein Vertragspartner einseitig von einem völkerrechtlichen Vertrag lossagen, wenn nach Abschluß des Vertrages so wesentliche Veränderungen in den tatsächlichen Verhältnissen eingetreten sind, daß dem Staat die Erfüllung der vertraglichen Verpflichtungen nicht mehr zugemutet werden kann.
Ganz anders als bei der Problematik der ›ungleichen Verträge‹ als eines historischen Erbes steht es mit der Taiwanfrage. Hier gehen sowohl die Volksrepublik China als auch das Staatsgebilde auf der Taiwan-Insel davon aus, daß die Zugehörigkeit der Insel zum ›Territorium Chinas‹ außer Frage steht. Die ›gegenseitige Achtung der Gebietshoheit‹ soll folglich für die Volksrepublik China auf diesem Ausgangspunkt beruhen. Der Alleinvertretungsanspruch der Volksrepublik China hat mit ihrer Aufnahme in die Vereinten Nationen unter Ausschluß der

›Republik China‹ (Taiwan) am 25. Oktober 1971 auch eine internationale Anerkennung gefunden.

2. Der Grundsatz der Beziehungen von Partei zu Partei ist in der Ideologie des Marxismus-Leninismus verankert. Am deutlichsten wurde der Grundsatz als ›ein Vorschlag zur Generallinie der kommunistischen Weltbewegung‹ in dem Antwortschreiben des Zentralkomitees der Kommunistischen Partei Chinas vom 14. Juni 1963 auf den Brief des ZK der KPdSU vom 30. März 1963 dargelegt. Nach diesem für die Geschichte der chinesisch-sowjetischen ideologischen Auseinandersetzung wichtigen chinesischen Dokument gilt für alle ›Bruderparteien‹ des Marxismus-Leninismus der Grundsatz, »daß Proletarier aller Länder sich vereinigen sollen, daß Proletarier aller Länder sich mit den geknechteten Volksmassen und den unterdrückten Nationen vereinigen sollen, daß sie Imperialismus und Reaktion in allen Ländern bekämpfen sollen, daß sie um Weltfrieden, um nationale Befreiung, um Volksdemokratie und Sozialismus ringen sollen, das sozialistische Lager festigen und stärken, schrittweise den vollen Sieg in der proletarischen Weltrevolution realisieren und eine neue Welt ohne Imperialismus, ohne Kapitalismus und ohne Ausbeutungssystem errichten sollen«.
Daraus geht hervor, daß die Chinesen für das Prinzip des ›proletarischen Internationalismus‹ eintraten, vor allem unter sozialistischen Ländern. Sie wendeten sich gegen die Politik der ›friedlichen Koexistenz‹ zwischen dem Proletariat und der Bourgeoisie innerhalb einer Gesellschaftsordnung und gegen die friedliche Koexistenz zwischen unterdrückten Völkern und dem Imperialismus. Dabei ist das Ziel, durch eine proletarische Weltrevolution eine kommunistische Weltordnung zu errichten. Die friedliche Koexistenz bezieht sich in chinesischer Sicht nur auf die Beziehungen zu Staaten mit anderer Gesellschaftsordnung. Das ist einer der Kernpunkte des sinosowjetischen Konflikts: Während die Sowjets die Chinesen als ›Dogmatiker‹ verurteilten, verwarfen diese den ›Revisionismus‹ der Sowjets und warfen ihnen vor, daß sie die ›friedliche Koexistenz‹ zur Generallinie ihrer Außenpolitik erhoben und damit die Sache des ›proletarischen Internationalismus‹ und der antiimperialistischen Weltrevolu-

tion verraten hätten. Dabei lehrte Mao: Der Imperialismus und alle Reaktionäre sind Papiertiger. Schließlich wurden die Sowjets als ›Sozialimperialisten‹, d. h. ›Sozialisten in Worten, Imperialisten in der Tat‹, abgestempelt.
In Anbetracht der Annäherung an die ›imperialistischen‹ Vereinigten Staaten von Amerika, der Aussöhnung mit dem ›revisionistischen‹ Jugoslawien, der Zurückhaltung gegenüber unterdrückten Völkern und den Revolutionären in Ceylon oder im früheren Ostpakistan und angesichts der neuen Kontakte zu einer Reihe reaktionärer Länder stellt sich freilich die Frage, ob nicht das ›Klasseninteresse‹, wie es in diesem Grundsatz der Beziehungen von Partei zu Partei enthalten ist, seit dem Ende der Großen Proletarischen Kulturrevolution, während derer revolutionäre ›Rebellendiplomatie‹ betrieben wurde, immer mehr zugunsten des ›Nationalinteresses‹, wie es im Grundsatz der Beziehungen von Regierung zu Regierung wahrgenommen wird, preisgegeben worden ist. Von einem ›Dualismus‹ von Ideologie und Nationalinteresse oder von Partei und Regierung kann wohl nicht mehr die Rede sein, sondern viel treffender von einem Dilemma zwischen diesen beiden Elementen. Im Grunde handelt es sich um das gleiche Dilemma, in dem sich die erste sozialistische Großmacht, die Sowjetunion, bereits seit langem befindet: Auch die Außenpolitik der zweiten sozialistischen Großmacht China muß stets zwischen der revolutionären Ideologie und der herkömmlichen Diplomatie lavieren. Für die rasche internationale Anerkennung in den 70er Jahren, die die Volksrepublik China vor allem dadurch erlangen konnte, daß sie sich allmählich den im diplomatischen Verkehr konventionellen Spielregeln anpaßte und sich in den Vereinten Nationen als ständiges Mitglied des Sicherheitsrates der Weltorganisation etablierte, muß China den Vorwurf einer Entideologisierung seiner Außenpolitik und Revolution überhaupt in Kauf nehmen.

3. Der Grundsatz der Beziehungen von Volk zu Volk, der ›Volksdiplomatie‹, kann China vielleicht noch aus diesem Dilemma befreien. Denn anders als der erste mit der juristischen (völkerrechtlichen) Anerkennung und der zweite mit der ideologischen Stellungnahme eng verknüpfte Grundsatz stellt dieser

dritte Grundsatz das ›Volk‹ in den Vordergrund, das formell über den Kopf der Regierung hinweg oder aber auch ohne Rücksicht auf die Ideologie der Partei ›Völkerfreundschaft‹ mit dem jeweiligen Partnerland suchen und pflegen soll. Materiell jedoch handelt es sich dabei aber um die ›Politik des Unpolitischen‹: Je unpolitischer die Beziehungen nach außen hin aussehen, desto diplomatischer sind sie im Endeffekt. Bezeichnend in dieser Hinsicht ist die Tatsache, daß die Chinesen selbst kaum von der ›Volksdiplomatie‹ sprechen. Die Volksdiplomatie, die alle inoffiziellen Beziehungen, insbesondere wirtschaftliche, kulturelle und sportliche Beziehungen der ›Volksorganisationen‹ umfaßt, will die gesamte Empfängergruppe in einen Kommunikationsprozeß mit kumulativen Effekten einbeziehen. Sie soll politische Entscheidungsinstanzen von der öffentlichen Meinung her so unter Druck setzen, daß ein neues Potential für bilaterale Beziehungen zustande kommen könnte. Die Wirkungsweise und der Wirkungsgrad der Volksdiplomatie sind allerdings je nach ihrem Wirkungsland verschieden; sie ist nicht nur besonders wirkungsvoll, sondern auch unerläßlich gegenüber Ländern mit pluralistischen Gesellschaftssystemen, während sie in Ländern, in denen ein Einheitsparteiensystem herrscht, viel mehr im Einklang mit dem Interesse der Partei und des Staates zu stehen hat.
In der Tat ergänzt die Volksdiplomatie die offiziellen Beziehungen, falls diese bereits bestehen. Dort, wo diese fehlen, wie seinerzeit im Falle der Beziehungen zwischen der Volksrepublik China und Japan in der Nachkriegsperiode, dient sie zunächst zur Abwehr gegen die offizielle Politik des Partnerlandes. Sie ist entsprechend dem jeweiligen Verhältnis zwischen China und dem Partnerland entweder ein Ausdruck der Spannung oder ein Instrumentarium zur friedlichen Gestaltung der Beziehungen zwischen den beiden Ländern. Die spektakuläre offizielle ›Gipfeldiplomatie‹, so zum Beispiel das Treffen zwischen Mao Tse-tung und Richard Nixon im Februar 1972, sollte nicht eine Reihe von ›volksdiplomatischen‹ Schritten vergessen lassen, die ihr vorausgegangen war: Man denke nur an die ebenso ›unverbindliche‹ wie bedeutsame Einladung an Nixon als ›Privatmann‹, die Mao zunächst wie beiläufig — aber sicherlich nicht von ungefähr — in einem Interview mit dem ›Privatmann‹ Edgar Snow

ausgesprochen hatte, oder auch an das Pingpong-Spiel zwischen den chinesischen und den amerikanischen Sportlern.
Die Volksdiplomatie spielt eine wichtige Rolle als Ergänzung zu den oder Ersatz für die offiziellen Beziehungen mit den Ländern Asiens, Afrikas und Lateinamerikas. Um die Sympathie der Völker der sogenannten Dritten Welt zu gewinnen, bezeichnet sich die Volksrepublik China gern als ›Entwicklungsland‹ und betont, sie gehöre zur Dritten Welt und wolle niemals ›Supermacht‹ wie die UdSSR und die USA werden. Dabei verwickelt sie sich freilich in einen Widerspruch. Denn dem Ausdruck ›Dritte Welt‹ liegt generell die Hypothese zugrunde, daß es außer der ersten ›kapitalistischen‹ und der zweiten ›kommunistischen‹ Welt eine dritte Welt gebe, die weder kapitalistisch noch kommunistisch sei und aus Entwicklungsländern bestehe. So betrachtet kann die sozialistische Volksrepublik China nicht zur ›Dritten Welt‹ zählen; sie selber hat diesen Ausdruck tatsächlich auch erst ab Anfang der 70er Jahre übernommen, und zwar im Hinblick auf die Dritte UNO-Konferenz für Handel und Entwicklung (UNCTAD) im Frühjahr 1972. Dabei entspricht die ›Dritte Welt‹ im Rahmen der chinesischen ›Weltzonen‹-Theorie der ›Ersten Zwischenzone‹. Um den Widerspruch zu vollenden, ist sie der ›Gruppe der 77‹, dem Zusammenschluß der Entwicklungsländer auf der UNCTAD, nicht beigetreten, während sie die ›acht Prinzipien‹ für ihre Entwicklungshilfe aus dem Jahre 1964 bekräftigte. Dagegen hat sie sich 1971 reibungslos in den Kreis der fünf als ständige Mitglieder im Weltsicherheitsrat vertretenen Großmächte eingefügt und bereits am 25. August 1972 von ihrem Vetorecht Gebrauch gemacht, um die Aufnahme Bangla Deshs in die UNO zu verhindern.
Bei der Volksdiplomatie, die im Grunde auf dem Primat der Volkssouveränität beruht, ist der chinesische Begriff ›Volk‹ von grundlegender Bedeutung. Obwohl die Chinesen stets undifferenziert bald von ›Volk‹ und bald von ›Volksmassen‹ sprechen, muß man zunächst Volksmassen im Sinne der politischen Soziologie als ›alle werktätigen Klassen und Schichten sowie alle im Sinne des Fortschritts handelnden Menschen‹ definieren. Sie sind zwar nicht identisch mit dem ›Volk‹, aber der entscheidende Teil

eines ›Volkes‹: das Volk ist also umfassender als die Volksmassen. Auf das Volk in diesem Sinne zielt gerade die Volksdiplomatie ab: das ›Volk‹ tritt massiv dort auf, wo es für die Ideologie des Proletariats wenig Platz gibt, oder dort, wo die ›Reaktionäre‹ gegen den Volkwillen regieren und diplomatische Beziehungen verweigern. Nach Mao hat nicht nur der Begriff ›Volk‹ in den verschiedenen Ländern und in den verschiedenen Geschichtsperioden jedes Landes verschiedene Bedeutung, sondern gemäß seiner ›Widerspruchstheorie‹ gibt es — wie in allen Dingen — so auch innerhalb eines Volkes, zwischen Volk und Regierung und innerhalb der Völkergemeinschaft der Welt, Widersprüche. Fest steht nur: »Das Volk und nur das Volk ist die Triebkraft, die Weltgeschichte macht« (Mao Tse-tung).
Der recht elastische Grundsatz der Beziehungen von ›Volk‹ zu ›Volk‹ wird um so mehr an praktischem Sinn gewinnen, als die Beziehungen (sowohl Kontakte als auch Konflikte) von Partei zu Partei infolge der Entideologisierung schließlich zu Beziehungen von Regierung zu Regierung, also zu zwischenstaatlichen Beziehungen werden. Während die diplomatischen Beziehungen zu den kapitalistischen oder gar imperialistischen Staaten durch den ersten Grundsatz gerechtfertigt und das Bekenntnis zum Marxismus-Leninismus und die Solidarität mit sozialistischen Bruderländern durch den zweiten Grundsatz verkündet werden, sorgt der dritte Grundsatz für die ›ideologiefreie‹ Völkerfreundschaft in der ›Dritten Welt‹ mit oder ohne diplomatische Beziehungen. Wer die Rolle des ›Nationalinteresses‹ oder des ›Klasseninteresses‹ in der chinesischen Außenpolitik bestreitet, müßte zumindest die Bedeutung der sogenannten ›politischen Kultur‹ des chinesischen Volkes in der Pflege seiner auswärtigen Beziehungen anerkennen. Hierin besteht schließlich die einmalige Bedeutung der chinesischen Volksdiplomatie.
Nachdem ich sowohl die marxistisch-leninistische, also sozialistische Grundauffassung der Außenpolitik als auch die Hauptmerkmale der chinesischen Außenpolitik skizziert habe, komme ich zu dem Schluß, daß man über den Sozialismus-Gehalt in der chinesischen Außenpolitik streiten kann, daß jedoch feststehen dürfte: die heutige Außenpolitik der Volksrepublik China ist nicht gerade sozialistischer als die der Sowjetunion.

BIBLISCHES WORT

Johannes 12, 20—26

Es waren aber etliche Griechen unter denen, die hinaufgekommen waren, daß sie anbeteten auf dem Fest. Die traten zu Philippus, der von Bethsaida aus Galiläa war, baten ihn und sprachen: Herr, wir wollen Jesus gerne sehen.

Philippus kommt und sagt's Andreas, und Philippus und Andreas sagen's Jesus weiter.

Jesus aber antwortete ihnen und sprach: Die Zeit ist gekommen, daß des Menschen Sohn verherrlicht werde. Wahrlich, wahrlich, ich sage euch: Wenn das Weizenkorn nicht in die Erde fällt und erstirbt, so bleibt's allein; wenn es aber erstirbt, so bringt es viel Frucht.

Wer sein Leben liebhat, der wird's verlieren; und wer sein Leben auf dieser Welt hasset, der wird's erhalten zum ewigen Leben. Wer mir dienen will, der folge mir nach; und wo ich bin, da soll mein Diener auch sein. Und wer mir dienen wird, den wird mein Vater ehren.

MEDITATION

Die Pilgerscharen der großen Festzeiten brachten manche fremde Gruppe nach Jerusalem. Man konnte sie als geeignete Multiplikatoren für die neue Botschaft betrachten, die, einmal gewonnen, diese in ihre Heimat mitnehmen würden. Jesus spürt in der vermittelten Anfrage der Griechen ein Signal, eine Schwelle im Ablauf des Geschehens. Aber in seiner Sicht verbindet sich der Opfergang mit der großen Ernte, der Schritt in die Tiefe der Selbsthingabe mit dem Schritt in die Weite, das Kreuz mit der Öffnung zur Mission.

Dabei kann die Reihenfolge nicht umgekehrt werden. Das Weizenkorn, das nicht in die Erde fällt, bleibt unfruchtbar.

So gewiß damit das Schicksal Jesu gedeutet wird, so deutlich ist darin eine übertragbare Regel, eine für jedes geistliche Leben und Wachstum geltende Wirklichkeit enthalten, die uns durch keine Stellvertretung abgenommen werden kann. Die Weitergabe geistlichen Lebens ist Ernte, Ziel und Sinn dieses Lebens. Sie ist nur möglich durch Sterben, also durch Aufgabe der Selbstbehauptung, Verlust der eigenen Identität. Eine Ernte aus Weizen — nicht aus Unkraut — ist ein Wunder Gottes, nicht Arbeitsertrag. Diese Regel gilt, weil Christen den Weg Jesu gehen, mit ihm gehen. Dies Wort spricht über unsere innere Orientierung, nicht zuerst über die Weltweite unserer Gedanken. Aber es gilt auch für unsere Anteilnahme an China.

PREIS DER WAHREN SCHÖNHEIT

*Die Natur schenkt uns der Blumen Pracht;
der Seele Blüten öffnen dem Dichter den Mund.
Die innerste Natur offenbart sich in der Musik,
Gott schenkt den Menschen neue Künste.
In schweren Mühen schenkt Gott die Gnade der Erlösung.
Der Erscheinung Bild leitet den Menschen
zum Erfassen der Wahrheit.*

*Gott hat uns in der Jugendzeit die lebendige Wahrheit geschenkt,
so daß wir wahrhaftig und demütig wurden
und voll Menschenliebe.
Aber die Einflüsse der Umwelt schaffen
die Gewohnheiten;
leider hat die Falschheit
die ursprüngliche Herzensanlage verändert.*

*Ehrfurchtsvoll flehen wir
zu unserem herrlichen, barmherzigen Gott,
unsere Seele reinzuwaschen von dem Schmutz der Erde.*

*Das Wasser fließt aus den süßen Quellen
im dichten, grünen Schatten,
die Kinder, die darum wohnen, zeigen ein frohes Gesicht.
Alle Schönheit der Welt bildet zusammen die große Freude.
Das Leid ist verschwunden, der Haß erloschen,
ewige Eintracht allen gemein.
Der Herr sagt: »So ist das Himmelreich.«
Die Grundlage dazu ist zu finden
in den allen gemeinsamen Gedanken von Gott.*

*Wir bitten Gott, uns diesen Glauben ganz zu eröffnen;
damit wir, ganz gefüllt mit der Hoffnung, vorwärtsschreiten.
Mit Gottesliebe und Menschenliebe
leisten wir Gottes Willen Gehorsam
und erfüllen unsere Aufgabe, andere zu ihm zu führen.*

*Wir bitten den Herrn, fortwährend unsere Seelenkraft zu mehren,
damit die wahre Schönheit bald zur Erfüllung kommen kann.*

Gebet aus China, nach G. Rosenkranz, Das Lied der Kirche in der Welt, Berlin 1951, S. 20

DIE KATHOLISCHE KIRCHE
UND DIE VOLKSREPUBLIK CHINA

Von Prof. Dr. B. Willeke

Es ist eine unbestreitbare Tatsache, daß die Volksrepublik China in den etwas über zwanzig Jahren ihres Bestehens zu einer ernstzunehmenden Weltmacht geworden ist. Unter Führung der Kommunistischen Partei hat sich das 750-Millionen-Volk vom Semikolonialismus befreit und eine politische und wirtschaftliche Unabhängigkeit erreicht, die den Respekt der ganzen Welt gewonnen hat. Mao Tse-tung hat seinem Volk einen neuen Willen und einen Idealismus eingeflößt, der auch in der westlichen Welt beachtet und bewundert wird.

Die christlichen Kirchen des Westens haben bisher die Entwicklung des Neuen China mit großer Zurückhaltung und starkem Argwohn beobachtet. Ihre Missionsanstrengungen wurden gewaltsam beendet, ihre Glaubensgenossen hart bedrängt und alle Äußerungen kirchlichen Lebens weithin gelähmt. Zu lange hat man den Voraussagen der Taiwan-Regierung vertraut, daß das Regime auf dem Festland zusammenbrechen werde und man bald dorthin zurückkehren könne. Erst heute beginnt man, sich auf die neue Situation einzustellen und eine realistische Haltung einzunehmen.

Hier soll über die Haltung der römisch-katholischen Kirche zu diesem Neuen China berichtet werden. Diesen Ausführungen liegt weder ein offizieller Auftrag der Kirchenleitung noch unveröffentlichtes Material über gegenwärtige Kontakte zwischen dem Vatikan und der Regierung in Peking zugrunde; vielmehr fußt der Bericht auf Quellen, die allgemein zugänglich sind. Aber auch so glaube ich, genügend Material vorlegen zu können, das zeigt, wie die Haltung der katholischen Kirche sich in manchem schon gewandelt hat. Während sie noch in den ersten Jahren des Neuen Regimes eine schroff ablehnende Haltung einnahm, begann sie während des Zweiten Vatikanischen Konzils,

ihre Grundsätze zu überdenken und ihre Praxis zu ändern. Doch kann man durchaus noch nicht behaupten, daß die Kirche als Ganzes der neuen Wirklichkeit in China gerecht würde. Vielmehr muß gesagt werden, daß das Verhältnis der Katholischen Kirche zur Volksrepublik China noch sehr belastet ist und daß China eine ernste Herausforderung darstellt. Meine Ausführungen sind dementsprechend gegliedert und umfassen die folgenden drei Teile:
I. Die anfängliche schroffe Ablehnung des kommunistischen Systems in China.
II. Der Übergang zu einer — wenn auch vorsichtigen — Öffnung.
III. Die verbleibende Herausforderung für die Kirche von heute.

I. Die anfängliche schroffe Ablehnung des kommunistischen Systems in China

Um die Haltung der Katholischen Kirche gegenüber der Volksrepublik China, wie sie am 1. Oktober 1949 zu Peking ausgerufen wurde, zu verstehen, ist es notwendig, einen Blick auf die vorausgehenden Jahrzehnte zu werfen. Die Kirche Roms war im 20. Jahrhundert immer mehr der erklärte Feind des Kommunismus geworden. Die Enzyklika ›Divini Redemptoris‹[1] vom 19. März 1937 war nicht die erste scharfe Verurteilung; ihr waren bereits mehrere vorausgegangen. Das geschah nicht nur wegen der bewußten Bekämpfung jeglicher Religion, sondern auch wegen seiner sozial- und kulturpolitischen Vorstellungen. »Der Kommunismus«, so hieß es, »ist in seinem innersten Wesen schlecht, und es darf sich auf keinem Gebiet mit ihm auf Zusammenarbeit einlassen, wer immer die christliche Kultur retten will«[2].

Auch in China hatte die Kirche, wie in vielen anderen Ländern, erfahren, welch erbitterten Kampf die Kommunisten gegen Religion und Kirche führten. Wo immer sie die Macht hatten, wurde

---

[1] Authentischer lateinischer Text in Acta Apostolicae Sedis (= AAS) 29 (Rom 1937) 65—106.
[2] Ebd., 96.

die Arbeit behindert, Missionare wurden verschleppt und gemordet, chinesische Priester und Laien oft unter grausamen Umständen getötet. Man wußte, daß die Kommunisten nicht nur wohlmeinende Sozialreformer, sondern harte Religionsgegner waren. Chou En-lai bestätigte bereits 1946 dem katholischen Journalisten Patric O'Connor: »Wir sind Materialisten und glauben an keine unsterbliche Seele. Nach dem Tode kommt das Nichts. Wir glauben an ein Naturgesetz, aber nicht an einen obersten Gesetzgeber. In der klassenlosen Gesellschaft ist kein Platz für Religion. Am Ende der Entwicklung wird die Wissenschaft alle Fragen gelöst haben und damit jedes religiöse Bedürfnis von selbst aufhören. Religion ist doch nur Sache der Einbildung[3].«

So war es klar, daß die Machtübernahme Mao Tse-tungs die Kirche in eine Zeit des Konfliktes und der Leiden führen würde. An ein Zusammengehen mit dem neuen Regime war nicht zu denken. Denn noch am 1. Juli 1949, also drei Monate vor Errichtung der Volksrepublik, veröffentlichte Rom ein Dekret gegen den Kommunismus, das alle Katholiken, die mit den Kommunisten sympathisierten oder zusammenarbeiteten, von den Sakramenten oder gar aus der kirchlichen Gemeinschaft ausschloß[4]. So waren die Fronten aufs äußerste verhärtet. Der Vatikan machte keine Anstrengungen, die neue Regierung anzuerkennen, und jene war nicht bereit, mit einer Kirche, die sich ihr feindlich entgegenstellte, zusammenzuarbeiten.

Damals war die katholische Kirche Chinas eine aufstrebende Missionskirche von etwas mehr als 3 Millionen Gläubigen. Sie war zwar eine Minderheit in einem Volk von rund 600 Millionen, aber gläubig, hoffnungsvoll und wohlorganisiert. Seit der Neuordnung von 1946 umfaßte sie 20 Kirchenprovinzen, denen je ein Erzbischof vorstand. An der Spitze aller Diözesen stand als erster chinesischer Kardinal der Erzbischof von Peking, Thomas Tien.

Doch war diese Kirche bei weitem nicht so chinesisch, wie man annehmen möchte. Die ausländischen Führungskräfte hatten

---

3 Die Katholischen Missionen (= KM) 70 (Freiburg 1951) 23.
4 AAS 41 (1949) 334.

noch eine mächtige Position. Von den 146 Bischöfen und Jurisdiktionsträgern waren immer noch 111 Ausländer, nur 35 waren Chinesen; neben 2542 chinesischen Priestern wirkten immer noch 3046 ausländische Missionare aus verschiedenen westlichen Nationen, oft in recht gewichtigen Stellungen[5]. Der Vertreter des Apostolischen Stuhles, Antonio Riberi, hatte als Internuntius einen außergewöhnlich großen Einfluß. Unter den chinesischen Bischöfen und Priestern hat es vermutlich manche gegeben, die diesen Einfluß von außen als demütigend empfanden, doch hielten die meisten ausländische Hilfe noch für notwendig, standen fest zum Glauben der katholischen Kirche und in ihrer Treue zum Papst. Sie waren streng erzogen worden, daran unverbrüchlich festzuhalten.
Aber hier war die neue Regierung gänzlich anderer Meinung. Wenn in China die katholische Kirche weiterbestehen sollte, dann müsse es eine Kirche sein, die sich gänzlich von ausländischer Führung freimache. Das bewirkte einen unerwartet starken Widerstand seitens der Katholiken, die ihre Verbindung mit dem Papst und der Universalkirche nicht aufgeben wollten. Mit großem Eifer wurde damals versucht, den Glauben der einzelnen zu vertiefen, sie zur Standfestigkeit zu ermuntern und sie zur Verantwortung für andere Katholiken anzuleiten. Mit Bekennermut trat man den Forderungen des Staates gegenüber. Man war bereit, Verfolgung und Leiden auf sich zu nehmen, hoffte aber auch wohl, daß diese von kurzer Dauer sein würden. Damals rechneten noch viele damit, daß Chiang Kai-shek mit seinen von Amerika unterstützten Truppen von Taiwan zum Festland zurückkehren und eine neue Ära des religiösen Friedens bringen würde, zumal die neue Regierung noch nicht fest im Sattel saß und viele geheime und offene Gegner hatte.
Selbst als 1951 die Macht der Regierung gefestigt und die Zahl der ausländischen Missionare zusammengeschmolzen war, blieben die Fronten starr wie zuvor. Zwar hatten sich einzelne Gruppen

---

5 Ausführliche statistische Angaben über den Stand der Katholischen Kirche im Jahre 1949 finden sich in Agenzia Internazionale Fides: Le Missioni Cattoliche dipendenti della Sacra Congregazione de Propaganda Fide (Rom 1950) 288—395; vgl. Wei, Louis, Le Saint-Siège et la Chine de Pie XI. à nos jours (Paris 1971) 177.

von Katholiken herbeigelassen, in Nachahmung der protestantischen Kirchen für die sogenannte »Drei-Selbst-Bewegung« einzutreten, aber der Großteil der Katholiken ließ sich dadurch nicht beirren[6]. Im Januar 1951 suchten einige katholische Kirchenführer ein Gespräch mit Chou En-lai, aber das Ergebnis wurde nie veröffentlicht und war auf beiden Seiten kaum befriedigend[7]. Die Regierung wollte eine Kirche, die — streng national ausgerichtet — sich am Aufbau eines sozialistischen Chinas beteilige, die Aufgaben der Finanzierung, der Verwaltung und der Lehre selber wahrnehme und den Papst höchstens als symbolisches Haupt der Gesamtkirche anerkenne. Die Bischöfe aber waren der Auffassung, daß das einer Loslösung von Rom gleichkäme, die der Kirche von außen aufgezwungen würde. So veröffentlichen sie im Februar 1951 eine Stellungnahme: ›Die Kirche in China — Darlegung der Prinzipien‹, worin erklärt wird, daß »jede Bewegung der Selbstregierung, Selbstfinanzierung und Selbstpropagierung, die durch Einflüsse von außen an die Kirche herangetragen würde, keine freiwillige Bewegung sei und nicht notwendigerweise das sei, was sie zu sein vorgibt«[8]. Das Dokument war eine Darlegung des eigenen Standpunktes, aber nicht geeignet, die Regierung versöhnlich zu stimmen. Die chinesische Öffentlichkeit sah darin eine Bestätigung, daß die Kirche Chinas sich vom Ausland regieren ließ und nicht ernstlich interessiert war, eine wirklich chinesische Kirche aufzubauen[9].
Für die Katholiken der Welt waren die Bedrängnisse der Kirche, die Beschuldigungen, Inhaftierungen und Ausweisungen so vieler Missionare, vor allem auch die Ausweisung des Internuntius Riberi, nichts anderes als der Beweis der Verfolgung und des Religionskampfes. Von einem kommunistischen System war nichts anderes zu erwarten.
In Rom machte man sich naturgemäß um die Zukunft der Kirche in China große Sorgen, aber man blieb fest bei den antikommunistischen Prinzipien. Wiederholt kam aus China die Bitte, der Papst möge ein Wort der Ermutigung und der Weisung sagen.

6 Bush, Richard G.: Religion in Communist China (Nashville 1970) 105.
7 Ebd., 106—107.
8 Ebd., 107—109.
9 Ebd.

So erschienen zwischen 1952 und 1958 drei päpstliche Verlautbarungen: am 18. Januar 1952 das Apostolische Schreiben ›Cupimus nimis‹[10], das kaum in China bekannt wurde, am 7. Oktober 1954 die Enzyklika ›Ad Sinarum Gentem‹[11], die heimlich nach China gebracht wurde, und am 29. Juni 1958 die Enzyklika ›Ad Apostolorum Principis‹[12], die ebenfalls nach China gelangte, aber von der Regierung streng unterdrückt wurde. Alle Dokumente richten sich nur an die chinesischen Katholiken, denen Trost zugesprochen wird und die zu Treue im Glauben und gegenüber dem Apostolischen Stuhl ermahnt werden. Die Haltung zur neuen Staatsmacht war unverändert. Es ist von feindlichen Mächten die Rede, die die Katholiken durch Verführung oder Täuschung zur ›Drei-Selbst-Bewegung‹ oder, wie es später hieß, zur ›Patriotischen Kirche‹ verleiten wollen.

Als die Enzyklika ›Ad Apostolorum Principis‹ erschien, war die romtreue Kirche im fortschreitenden Zermürbungskampf bereits erlegen und wenigstens äußerlich und zwangsweise von Rom gelöst. Die Begründung seitens des Staates war Roms kompromißlose Ablehnung der eigenmächtig vollzogenen Bischofsweihen. Da damals die chinesische Kirche für die vielen vertriebenen ausländischen Bischöfe Nachfolger brauchte, verlangte die Regierung, daß man selbst Kandidaten auswähle und weihe, wozu sich die chinesischen Bischöfe nur unter schwerem Druck des Staates entschließen konnten. Als zwei der so gewählten Bischöfe in Rom um Bestätigung nachsuchten, erhielten sie eine klare Ablehnung[13]. Das soll schließlich die Trennung von Rom veranlaßt haben.

Während der ganzen Regierungszeit Pius XII., dessen antikommunistische Haltung bekannt und auch weithin geschätzt war, änderte sich nichts im Verhältnis zum Neuen China. Die Ver-

---

10 Lateinischer Originaltext in AAS 44 (1952) 153—158; Französische Übersetzung: Wei, Le Saint-Siège, 329—333.
11 AAS 47 (1955) 5—14. Deutsch: Herder Korrespondenz (= HK) 9 (Freiburg 1954—55) 218—220.
12 AAS 50 (1958) 601—614, Deutsch: HK 13 (1958—59) 96—100.
13 Wei, Le Saint-Siège, 259—282; vgl. »Hiérarchie Catholique en Chine Communiste«, Teilübersetzung aus dem Werk von Tu-mwo: Chung-kuo t'ien-chu-chiao chen-hsiang (Die wahre Lage der Katholischen Kirche in China, Hongkong 1966) in: Église Vivante 19 (Louvain 1967) 376—388.

bindung war gänzlich unterbrochen, zumal China sich selber in die Isolation trieb und seinen einsamen Weg allein in die Zukunft ging.

II. Der Übergang zu einer vorsichtigen Öffnung

Ein entscheidender Wandel in der gesamten Orientierung der Katholischen Kirche vollzog sich auf dem Zweiten Vatikanischen Konzil, das in den Jahren 1962 bis 1965 stattfand. Hier kam es zu neuen Einsichten, die sich auf verschiedensten Gebieten auswirkten. Aber schon vorher läßt sich ein Tasten und Suchen feststellen, um mit den modernen Problemen des Atheismus und Kommunismus fertigzuwerden.
Die allgemeine Verurteilung des Kommunismus und die Ablehnung jeglicher Zusammenarbeit im Jahre 1949 hatte schon früh manchen Katholiken nachdenklich gestimmt. Teilhard de Chardin, der viele Jahre in China lebte und die Lage des Volkes kannte, schrieb 1949 kurz nach Bekanntwerden des Dekretes an eine Bekannte: »Sie sprechen von der Haltung Roms vis-a-vis des Kommunismus. Ich verstehe durchaus diese Haltung vom Standpunkt der Selbstverteidigung. Trotzdem bedaure ich, daß Rom nicht zugleich mit der Exkommunikation ein Dokument veröffentlicht hat..., wo gesagt wird, daß die Kirche, obwohl sie den Kommunismus verurteilt, insofern er materialistisch und atheistisch ist, doch dessen Aspirationen versteht und akzeptiert, soweit sie nicht nur eine echte Beseitigung des In-Not-seins, sondern sogar ein unaufhaltbares Drängen nach einer Höherführung des Seins darstellen[14].«
Diese Unterscheidung zwischen dem Atheismus und den sozialen Zielen im Kommunismus hat sich Papst Johannes XXIII. zu eigen gemacht und damit einen neuen Weg beschritten. Als er am 11. April 1963 seine Friedensenzyklika ›Pacem in Terris‹ an ›alle Menschen guten Willens‹ richtete, zeigte er eine über-

---

14 Towers, Bernard: »Teilhard's Planetary Thinking« in: China and the West-Mankind Evolving (London 1970) XV.

raschende Bereitwilligkeit, auch mit solchen Menschen und Gruppen zu reden, die zwar ideologisch auf anderem Boden standen, aber in ihrem praktischen Bemühen doch auf Frieden und Verbesserung der Lebensverhältnisse hinarbeiteten. »Wer kann ableugnen«, so schrieb er, »daß die Bewegungen, sofern sie dem Ausspruch der Vernunft folgen und Interpreten berechtigter Bestrebungen der menschlichen Person sind, positive Elemente enthalten, die unsere Anerkennung verdienen?[15]«
Papst Paul VI. ging bald darauf einen Schritt weiter, indem er sich in seiner Enzyklika ›Ecclesiam Suam‹ bereit zeigte, auch mit Atheisten in einen Dialog einzutreten. Zwar war er skeptisch, ob bei ideologischen Systemen, die Gott leugnen, die Kirche verfolgen und oft unlösbar mit bestimmten politischen und sozialen Systemen verbunden sind, wie es im atheistischen Kommunismus der Fall ist, ein Dialog überhaupt möglich sei. Doch bekennt er, daß »es nicht angehe, Menschen zu verurteilen, die sich zu jenem System bekennen und unter diesen Regimen leben«. Kurz darauf sagte er das gewichtige Wort: »Dem, der die Wahrheit liebt, ist ein Dialog immer möglich[16].«
Was nun die Volksrepublik China angeht, so war man ob der Katastrophe, die hereingebrochen war, der Verfolgung und der zwangsweisen Lösung der Kirche von Rom, zunächst betroffen und ratlos. Sollte man wirklich die chinesische Kirche abschreiben? Noch 1958 sprach Papst Johannes XXIII. von einem ›Schisma‹ der chinesischen Kirche[17]; Papst Paul war bald vorsichtiger. Man bedachte den Druck, dem diese Bischöfe ausgesetzt waren, und die Möglichkeit, daß sie vielleicht aus guten Motiven gehandelt hatten. Es ist wohl ein besonderes Verdienst von Bischof Charles van Melckebeke, eines langjährigen Missionars in Nordchina (seit 1953 päpstlicher Beauftragter für die katholischen Auslandschinesen in aller Welt), daß er anläßlich eines Besuches in Rom zugunsten der chinesischen Bischöfe sprach und dem

---

15 AAS 55 (1963) 257—304, bes. 300. Vgl. Richardson, William J.: China and Christian Responsibility (New York 1968) 99.
16 AAS 56 (1964) 651—652.
17 Trivière, Léon: »Le Saint-Siège et la Chine« in: Informations Catholiques Internationales (= ICI) Nr. 380 (Paris 15. 3. 1971); englisch in China Notes IX (New York 1971) 33—36.

Papst riet, den Chinesen entgegenzukommen und nicht vorschnell zu urteilen, da man die Lage in China zu wenig kenne[18]. Seitdem hat man in Rom nie mehr von einem Schisma gesprochen. Aber eine Annäherung war damals ausgeschlossen, zumal sich China von der Außenwelt abschloß. Nachrichten waren spärlich und selten, und eine Verbindung mit den chinesischen Katholiken war schlechthin unmöglich.

Der Wandel in breiter Linie ist für die katholische Kirche kurz darauf auf dem Zweiten Vatikanischen Konzil gekommen. Die neue Sicht des Atheismus und Kommunismus, die sich dort durchsetzte, hat auch für die Einstellung zum Neuen China große Bedeutung gehabt. Allerdings ist diese, wie besonders an der Geschichte der Konstitution ›Gaudium et Spes‹ über die Kirche in der Welt von heute deutlich wird, erst nach langem geistigen Ringen und erst in der letzten Phase des Konzils erreicht worden[19]. Man brauchte Jahre des Lernens und Umlernens.

Auf dem Konzil gab es zwei sich entgegenstehende Gruppen, von denen eine die ausdrückliche und klare Verurteilung des Kommunismus verlangte. Eine andere war versöhnlicher und erwiderte, daß der Kommunismus im christlichen Europa und nicht ohne Schuld der Christen entstanden sei. Er könne nur im Geiste des Verstehens und der eigenen Buße gewürdigt und überwunden werden. So sagte der melchitische Patriarch Maximos IV.: »Es ist doch der Egoismus gewisser Christen, der zum großen Teil den Atheismus der Massen ausgelöst hat und auslöst. Haben wir also den Mut, die moralischen Werte der Solidarität, der Brüderlichkeit, der Sozialisation zu ihren Wurzeln zurückzuführen, die christlich sind. Zeigen wir, daß der wahre Sozialis-

---

18 Wei, Le Saint-Siège, 278. Sehr mutig verteidigte der französische Kardinal Achille Liénart die chinesischen Katholiken mit den Worten: »Sie sind nur einige Millionen und können nur existieren, wenn sie sich der Regierung ihres Landes loyal erweisen. Dürfen wir sie deswegen tadeln? Dürfen wir es ihnen verargen, daß sie trotz allem als chinesische Kirche weiterleben wollen, daß sie sich selbst Bischöfe gegeben haben anstelle der Missionsbischöfe, die ausgewiesen wurden, ohne die Einwilligung des Papstes erlangt zu haben, wie es richtig gewesen wäre? Leider war es nicht möglich, da zwischen der chinesischen Regierung und dem Hl. Stuhl keine Beziehungen bestehen.« Wei, Vorwort
19 Möller, Charles: »Geschichte der Pastoralkonstitution« in Lexikon für Theologie und Kirche, Konzilsdokumente III (Freiburg 1968) 242—277.

mus das Christentum ist, wenn es integral gelebt wird in der gerechten Verteilung der Güter und in der fundamentalen Gleichheit aller... Wenn wir das Evangelium integral gelebt und gepredigt hätten, hätten wir der Welt den atheistischen Kommunismus erspart[20].«

In der entscheidenden Sitzung vom 15. November 1965 bekannten sich dann 2057 Konzilsväter — gegen die Minderheit von nur 74 Stimmen — für eine neue Haltung zum Atheismus[21] und zu dem Satz: »Wenn die Kirche auch den Atheismus eindeutig verwirft, so bekennt sie doch aufrichtig, daß alle Menschen, Glaubende und Nichtglaubende, zum richtigen Aufbau dieser Welt, in der sie gemeinsam leben, zusammenarbeiten müssen[22].« Somit wurde das, was bisher die Meinung einzelner in der Kirche war, im Atheismustext von ›Gaudium et Spes‹ zusammengebündelt und von da an die offizielle Politik der katholischen Kirche.

Natürlich brauchte es auch nach dem Konzil noch manche Zeit, bis sich die neue Haltung in allen Kreisen der Kirche durchsetzte. Auch heute ist das keineswegs ganz erreicht. Wie auf dem Konzil gerade jene Kirchenführer, die das Wüten des Kommunismus aus nächster Nähe und oft am eigenen Leibe erfahren hatten, sich weithin — verständlicherweise — für einen harten Kurs gegen den Kommunismus einsetzten, so z. B. Bischöfe der Ostblockländer oder auch Chinas (vornehmlich Erzbischof Yü Pin, einer der Hauptgegner des chinesischen Kommunismus), so kämpften auch nach dem Konzil solche Kreise in alter Form weiter. Bis heute ist es den Katholiken auf Taiwan, von der Regierung Chiang Kai-sheks unermüdlich gegen die kommunistische Regierung in Peking aufgerufen, immer noch schwer, sich an den Gedanken einer Annäherung an Peking zu gewöhnen. Auch in Hongkong und in den übrigen Randländern Chinas ist die Haltung der Katholiken verständlicherweise antikommunistisch.

Aber der Vatikan versuchte im Geiste der neuen Einstellung zu ungläubigen und kirchenfeindlichen Systemen auch mit der Regierung von Mao Tse-tung in Kontakt zu treten, obwohl sich das

20 Ebd., 338.
21 Ebd., 279.
22 Ebd., 347.

als unendlich schwierig erwiesen hat. Es war ein selbstloses und hochherziges Eintreten für die Volksrepublik China, als Papst Paul VI. in seiner Rede vor den Vereinten Nationen in New York am 4. Oktober 1965 die Mitglieder der UNO aufforderte, auch jene Nationen in ihren Kreis aufzunehmen, die bis dahin noch keine Mitglieder waren[23]. Kaum drei Monate später entschloß sich der gleiche Papst, ein persönliches Neujahrstelegramm an Mao Tse-tung zu schicken, in dem er sagte: »Das Prestige, das China heute besitzt, zieht mit Recht die Aufmerksamkeit der gesamten Welt auf sich... Wir bitten Sie, diesen Aufruf (zum Frieden in Vietnam) anzunehmen, zugleich mit den lebhaften Wünschen für das chinesische Volk, die wir an der Schwelle des Neuen Jahres vor Gott aussprechen[24].«

Mao Tse-tung hat auf dieses Telegramm nicht geantwortet. Trotzdem erklärte der Papst ein Jahr später, mitten in der Kulturrevolution, offen den Wunsch, mit diesem China in Dialog zu treten, um zur gemeinsamen Verständigung zu kommen. Während des feierlichen Epiphaniegottesdienstes am 6. Januar 1967 sagte er: »Die Katholische Kirche, besonders der Hl. Stuhl, war niemals ein Feind, sondern immer ein Freund Chinas, jenes Landes, so groß an Territorium und an Zahl seiner Bewohner, so reich an Traditionen der Zivilisation und Kultur, an natürlicher Tugend und an Kraft der Entwicklung. Die Kirche hat China stets bewundert und geliebt, und auch heute noch hat sie wohlwollendes Verständnis für die gegenwärtige historische Phase der Neugestaltung Chinas, um aus den festgefügten Formen seiner alten Kultur zu unvermeidlichen neuen zu kommen, die durch die industriellen und sozialen Veränderungen des Lebens bedingt sind... Wir möchten gern mit dem chinesischen Volk des Festlandes Kontakte aufnehmen, ... um der chinesischen Jugend zu zeigen, mit welcher Anteilnahme und Zuneigung wir die gegenwärtige Begeisterung für die Ideale eines neuen, glücklichen und friedlichen Lebens beobachten. Auch mit denen, die heute dem chinesischen Volk auf dem Festlande vor-

---

23 Authentischer französischer Text in AAS 57 (1965) 877—885, bes. 880; Trivière, Le Saint-Siège, 21; Englisch: Richardson, 100; China Notes, 35.
24 Französischer Originaltext in AAS 58 (1966) 164; Englisch: Richardson, 102; China Notes, 35.

stehen, möchten wir über einen vernünftigen Frieden sprechen im Bewußtsein, daß die höchsten Ideale der Menschlichkeit und Kultur aufs innigste dem Geist des chinesischen Volkes entsprechen[25].«

Auch dieser Appell blieb zunächst ohne Widerhall; offenbar machte die Kulturrevolution weitere Annäherungsversuche unmöglich.

Aber nicht nur in Rom, sondern auch in anderen Ländern wurden Initiativen ergriffen, das Verhältnis mit dem China Mao Tse-tungs zu verbessern. Die *amerikanische* Öffentlichkeit war seit dem Koreakrieg unverhohlen gegen das kommunistische China eingestellt und weithin einseitig informiert[26]. Wenigstens seit 1966 machten verschiedene Kirchen Versuche, das Klima zu verbessern. Die protestantischen Versuche seien hier nicht erwähnt. Auf katholischer Seite forderte bereits 1966 die Catholic Association for International Peace ein neues Verhältnis zum Neuen China, und zwar um des Friedens willen und aus christlicher Sicht. Man forderte von der Presse und den Massenmedien mehr Informationen über die wahren Verhältnisse in Festlandchina. Es sollte eine sachgerechte Information sein, die vermeidet, den bestehenden Haß sowohl auf chinesischer wie auf amerikanischer Seite zu vertiefen. Christen sollten bereit sein, dem chinesischen Volk Lebensrecht und seine eigene Rolle in der Gestaltung der Zukunft zuzugestehen. Christen sollten die Zulassung Chinas zu den Vereinten Nationen fordern. Sie sollten sich mehr für die sozialen und wirtschaftlichen Probleme des chinesischen Festlandes interessieren. Schließlich wurden die Christen Amerikas aufgefordert, Frieden mit China zu wünschen und nicht den Krieg[27].

Solcherlei Bemühungen wurden auch bald in ökumenischer Zusammenarbeit weitergeführt. Ein nicht geringer Beitrag war die amerikanische China-Konsultation in Virginia im Frühling 1967, zu der die Presbyteraner eingeladen hatten und auf der ein katholischer Vertreter, Fr. William J. Richardson, über die

---

25 Italienischer Originaltext in AAS 59 (1967) 69—70.
26 Dulles, Foster Rhea: American Policy toward Communist China — The Historical Record 1949—1969 (New York 1972).
27 Richardson, 101—102.

katholischen Annäherungsversuche berichtete. Dieser erklärte
schon damals die veränderte Haltung der katholischen Kirche,
erwähnte auch schon das Eingeständnis, daß man in China Fehler gemacht habe, sah aber für die Gegenwart wenig Hoffnung
auf konkrete Erfolge[28]. Das war während der Kulturrevolution
verständlich.
Als nach der Kulturrevolution Peking sich anschickte, aus seiner
langjährigen Isolierung herauszutreten, und erneut bessere Beziehungen zur übrigen Welt aufnahm, entstanden auch in Amerika neue Hoffnungen. Im Mai 1970 verabschiedete eine Gruppe
katholischer Bischöfe, die sich in San Francisco zusammengefunden hatten, eine bedeutsame Erklärung zum Chinaproblem. Da
heißt es: »Im weltweiten Bemühen um den Frieden in der Welt
geht es nicht an, die tatsächliche und zukünftige Bedeutung des
Volkes in der chinesischen Volksrepublik zu übersehen. Wir
unterstützen den Vorschlag, daß die gegenwärtige Regierung der
Vereinigten Staaten ihre Bemühungen fortsetzt, mit dem chinesischen Volk des Festlandes gute Beziehungen zu entwickeln,
und eine breitangelegte öffentliche Diskussion über diesen Gegenstand eröffnet[29].« Es scheint, daß dieser Schritt der amerikanischen Bischöfe einen ersten Erfolg gehabt hat. Denn drei Monate später gab die Peking-Regierung dem in China inhaftierten
amerikanischen Bischof James Edward Walsh die Freiheit und
entließ ihn in seine Heimat. Dies wurde nicht nur in Amerika
mit großer Genugtuung aufgenommen, sondern auch in Rom
wurde es als ein erster Erfolg gebucht, der zu weiteren Hoffnungen berechtige[30].
In *Frankreich* waren es Männer wie der Journalist Robert Guillain, Kardinal Achille Liénart, Léon Trivière und der chinesische
Priester Louis Wei, die durch ihre Reden und Schriften auf ein
besseres Verständnis für China und seine Christenheit hinarbeiteten. Es war wohl eine belgische Missionsgesellschaft, die
hauptsächlich für die Missionsarbeit in China gegründet war,
die sich auf einem Generalkapitel mit den neuen Entwicklungen

---

28 Ebd, 93—105.
29 Trivière, Le Saint-Siège, 21; China Notes, 35.
30 Ebd.

in China beschäftigte und eine neue Orientierung suchte[31]. Die *belgische* Zeitschrift »Église Vivante« stellte 1970 in einem Chinabericht erste Zeichen einer Veränderung christlichen Denkens fest, das sich mehr am Ideal der Versöhnung als dem des Kreuzzuges ausrichtet[32]. In *Italien* versucht neben anderen besonders Piero Gheddo, der bereits über die neue Haltung der Kirche in Kuba berichtete, die italienische Öffentlichkeit mit besseren Kenntnissen über das China Mao Tse-tungs zu versorgen[33].

In Rom haben die verschiedenen Katholischen Missionsorden und Missionsgesellschaften ein gemeinsames Sekretariat (SEDOS) eröffnet, das auch die Ereignisse in China verfolgt und 1971 eine Konsultation von Fachleuten veranstaltet, um Richtlinien einer neuen Chinapolitik zu finden[34].

Der *Papstbesuch in Hongkong* im Dezember 1970 war geradezu ein Test, wie Peking reagieren würde. Es zeigte sich, daß noch erhebliche Spannungen bestanden. Peking ließ umgehend wissen, daß es keine Botschaft des Papstes an die Katholiken des Festlandes wünsche. Der Papst gab nach, schränkte sein Programm erheblich ein und empfing nicht einmal, was eine deutliche Geste war, die katholischen Bischöfe Taiwans. Ein eigentliches Echo von Peking gab es auch damals nicht. Doch wurde positiv gewertet, daß sich die rotchinesische Presse aller Vorwürfe und Anfeindungen gegen den Papst enthielt, die noch während der Kulturrevolution zu hören waren und die sicher gekommen wären, wenn der Papst seinen ursprünglichen Plan ausgeführt hätte[35].

Zur Zeit hört man wenig von weiteren Annäherungsversuchen. Doch finden Kontakte statt, und zwar hauptsächlich auf diplomatischer Ebene. Seit geraumer Zeit ist die Aufgabe der An-

---

31 »La Jeunesse Chrétienne et Mao Tse-Toung«, Note Special de Pro Mundi Vita Nr. 22 (Brüssel 1972) 2.
32 Église Vivante 22 (1970) 202, vgl. auch die sehr fortschrittliche, in Note 31 genannte Studie von Pro Mundi Vita.
33 Dove va la cina? (Mailand 1972); »Cina-America. Da nemici a prossimi alleati«, in: Mondo e Missione 100 (Mailand 1971): China Notes, X (New York 1972) 1.
34 Église Vivante 23 (1971) 198.
35 Léon Trivière, in: China Notes, X (New York 1972) 1.

näherung auf das päpstliche Staatssekretariat übergegangen. Die führenden Männer sind wohl die Erzbischöfe Benelli und Casaroli. Schon zu Beginn des Konzils wollte Papst Johannes XXIII. mit dem Botschafter Pekings in Kairo in Verbindung treten, um eventuell die chinesischen Bischöfe zum Konzil einzuladen, was aber fallengelassen wurde. In den letzten Jahren haben derartige Gespräche mit dem Botschafter in Bern und neuerdings mit dem in Tansania stattgefunden[36]. In Rom gibt man offen zu, daß Gespräche im Gange sind, aber man möchte keine Einzelheiten veröffentlichen, um Indiskretionen zu vermeiden. Im allgemeinen ist der Vatikan aufgeschlossen, denkt sehr nüchtern, ist aber nicht ganz ohne Hoffnung.

III. Die verbleibende Herausforderung

Hier soll keineswegs der Eindruck erweckt werden, als ob es allein die katholische Kirche sei, die ihre Haltung überprüft und versucht, der neuen Situation in China gerecht zu werden. Auch darf man nicht meinen, daß man schon zu konkreten Ergebnissen gekommen sei. Die sind bisher sehr mager. Trotz aller Versuche, mit der Volksrepublik ins Gespräch zu kommen, ist die Zahl der Schwierigkeiten groß und die Kluft noch sehr tief. Das hat noch vor kurzem das Buch eines in Paris lebenden chinesischen Priesters deutlich gemacht, der es unternahm, einmal ausführlich die Auffassungen der Regierung Pekings und der chinesischen patriotischen Katholiken darzustellen. Es ist das Buch von Louis Wei Tsing-sing ›Le Saint Siège et la Chine de Pie XI. a nos jours‹[37]. Das Buch ist nicht ohne Schwächen und Schiefheiten, doch ist es eine wichtige und aufregende Dokumentation. Zum erstenmal verteidigt ein chinesischer Katholik die Haltung der Peking-Regierung und der chinesischen Katholiken und stellt die Argumente dar, die deren Vorgehen bestimmen. Wie ver-

---

36 Wei, Le Saint-Siège, 286; Trivière, »Le Saint-Siège«, 19 und 22. China Notes, IX, 34—35.
37 Erschienen in Paris: Editions A. Allais, 1971. Vgl. die Besprechung von B. Willeke in Neue Zeitschrift für Missionswissenschaft 29 (Beckenried 1973) 72—74.

lautet, hat der Papst, der Louis Wei auch empfing, die von ihm vertretenen Anliegen sehr ernst genommen und bereits in dieser Richtung gehandelt, indem er seinen Nuntius von Taiwan abberief.

Im folgenden seien kurz die Hauptpunkte umrissen, die die Kirchen, besonders die katholische Kirche, vor ganz konkrete Entscheidungen stellen[38], um dann mit einigen ganz allgemeinen Bemerkungen zu schließen.

a) Der erste Punkt betrifft die *Stellung der Kirchen zur konkreten Regierung in Peking*. Die Frage, die den Kirchen gestellt ist, lautet: Sind sie bereit, die Regierung in Peking als die alleinige Regierung von China anzuerkennen, und wie werden sie sich zu Taiwan stellen? Wie bekannt, lehnen sowohl Taipeh wie Peking die ›Zwei-China-Theorie‹ ab. Peking beansprucht, als die einzige legitime Regierung anerkannt zu werden. Das ist besonders für die Katholische Kirche ein Problem, da der Hl. Stuhl seit 1952 in Taipeh eine päpstliche Internuntiatur unterhält, der formell alle Katholiken Chinas, auch die Katholiken des Festlandes, unterstehen. Diese wurde Ende 1966, nicht ohne Befriedigung der Regierung Chiang Kai-sheks und der taiwanesischen Katholiken, sogar zur Nuntiatur erhoben, was heute wohl allgemein als Fehlgriff angesehen wird[39]. Jedenfalls betrachtet die Peking-Regierung dies als unerträglichen Zustand und denkt nicht daran, irgendwelche Zugeständnisse zu machen, solange sich hier nichts ändert[40]. Die Kirche ist in einem schwierigen Dilemma. Denn der Hl. Stuhl kann auch nicht die Regierung und die Katholiken auf Taiwan verärgern und sich den Vorwurf der Treulosigkeit zuziehen. Trotzdem hat der Papst vor einiger Zeit den Nuntius von Taipeh abgezogen und dort nur einen Geschäftsträger belassen. Das ist ein erstes Entgegenkommen, aber Peping verlangt offenbar den Abbruch aller diplomatischen Beziehungen und die Anerkennung als alleinige Regierung in China.

---

38 Sie werden bereits bei Trivière, »Le Saint-Siège«, S. 22, aufgeführt.
39 Man muß betonen, daß Rom damals bereits die Schwierigkeit dieser Entscheidung erkannte und die Rangerhöhung als die Folge einer Maßnahme für alle Völker Afrikas und Asiens erklärte. Rom wünsche Beziehungen zu Peking und hoffe auf bessere Tage. AAS 59 (1967) 220.
40 Piero Gheddo in Mondo e Missione, 1971, 662.

b) Eine zweite Frage geht weiter: Sind die Kirchen des Westens bereit, die von Mao Tse-tung entworfene *Ordnung der chinesischen Gesellschaft* anzuerkennen oder hinzunehmen? Werden sie der chinesischen Kirche erlauben, sich der neuen Ordnung anzupassen? Natürlich muß man den Atheismus und eine religionsfeindliche Politik mit ihren traurigen Auswirkungen ablehnen, aber man muß auch die wirklichen Leistungen des sozialistischen China würdigen. Selbst dort lebende Christen haben öfters darauf hingewiesen, daß die neue Ära Mao Tse-tungs ihnen neue Würde und Lebensmöglichkeiten gebracht hat und daß sie auch unter dem neuen System Gott und Christus dienen können[41]. Gerade für die Katholische Kirche scheint hier eine ernste Herausforderung zu liegen. Welchen Grad innerer Selbständigkeit kann und muß sie der chinesischen Teilkirche zugestehen, um als chinesische Kirche angenommen zu werden? Ist sie bereit, nicht nur auf alten Besitz, auf Rechte und Privilegien zu verzichten, wie sie es bereits in manchen Ostblockstaaten und in Nordafrika getan hat, sondern auch neue Strukturen der Kirche zuzulassen, die sich aus der neuen sozialistischen Ordnung ergeben?
c) Ein ebenso wichtiges Problem ist für die Katholische Kirche *die Stellung zu den ohne Erlaubnis Roms geweihten chinesischen Bischöfen*. Man hat allerdings in Zweifel gezogen, ob es nach der Kulturrevolution überhaupt noch amtierende Bischöfe gibt[42]. Das scheint jedoch der Fall zu sein. Für viele in der Kirche sind dies falsche Bischöfe, die in die Irre gegangen sind. Es gibt aber auch schon Stimmen, die an Versöhnung denken und den Ge-

---

[41] Ein führender protestantischer Christ erklärte 1957, wenn auch sehr optimistisch: »Wir lieben unser Volk, die Regierung unseres Volkes und den Sozialismus. Denn wir glauben, daß diese Regierung ganz dem Willen Gottes entspricht. Was uns angeht, so herrscht vollständige Trennung von Kirche und Staat, aber ohne gegenseitigen Konflikt. Die Kommunisten sind Atheisten, aber sie respektieren unseren Glauben, und die Regierung, die von ihnen geführt wird, wird ihn schützen, solange es einen Glauben zu schützen gibt. Wenn wir und die Kommunisten verschiedenen Glaubens sind, so sind wir alle Chinesen und sind eins im Streben nach größerem Wohlstand in unserem Lande und nach mehr Anerkennung. Der Unterschied im Glauben ist daher kein Hindernis für enge Zusammenarbeit beim Aufbau unseres Landes.« Francis P. Jones (Hgb.): Documents of the Three-Self-Movement (New York 1963) 172.
[42] Ladany, Ladislaus: „Christliche Mission in Rotchina", KM 91 (1972) 150.

danken aussprechen, die Kirche solle diese Bischöfe ›nostrifizieren‹ und sie in ihrem Amt als rechtmäßige Bischöfe anerkennen, wenigstens diejenigen, die gültig geweiht sind und unter schwerem Druck handelten[43]. Es wird darauf hingewiesen, daß es einen ähnlichen Vorgang schon früher in der Kirche gegeben hat[44].

Nun gibt es noch eine Reihe von ausländischen Bischöfen, die in China eine Diözese leiteten. Sie sind heute kein großes Problem mehr. Schon vor Jahren erklärte der Vatikan, daß diese Bischöfe keine Jurisdiktion mehr besitzen und den in Europa lebenden chinesischen Christen keine Weisungen erteilen können. Es wird eine Frage der Zeit sein, bis die letzten dieser Bischöfe aussterben. Aber das neue China will keine ausländischen Bischöfe, und es wäre ein Entgegenkommen, wenn sie freiwillig auf ihre Bistümer verzichteten.

d) Eine weitere Frage stellt sich den Kirchen, wenn sie mit China über den Frieden sprechen wollen. Wie sollen sie sich zu den »*Patriotischen Vereinigungen*« stellen? Viele Katholiken und vielleicht die Aufgeschlossensten haben sich der nationalen Vereinigung der patriotischen Katholiken angeschlossen. Sollen Christen, die diesen Vereinigungen angehören, als Kollaborateure des Systems und Verräter an der Kirche angesehen werden, oder müssen auch hier die Kirchen ihre Position überprüfen und diese Christen akzeptieren[45]?

e) Das gilt auf katholischer Seite in erster Linie von dem *Erzbischof von Mukden, Msgr. Pi Shu-shih*, der als Präsident der Patriotischen Vereinigung fungiert und wiederholt erklärt hat, daß die Katholische Kirche in China jede Verbindung mit dem Vatikan gelöst habe. Mit ihm wird sich die Kirche ernstlich beschäftigen müssen, da er als Sprecher der patriotischen Katholiken auftritt und von der Regierung gestützt wird. Unter welchen Bedingungen wird es gelingen, ihn für eine Verbindung mit

---

43 Vgl. Trivière, »Le Saint-Siège«, 22.
44 Léon Trivière weist darauf hin, daß in der Französischen Revolution vom Oktober 1790 bis Mai 1791 achtzig französische Bischöfe ohne Erlaubnis Roms geweiht wurden. »Les Chrètiens avant le défi chinois« in Le Dossier (Paris, 1. 2. 1969), p. 27.
45 Vgl. Trivière, »Le Saint-Siège«, 22.

Rom wiederzugewinnen, und welcher Art soll die Verbindung sein? Manche halten es für denkbar, daß Rom ihn nach entsprechenden Verhandlungen als Vorsitzenden der Chinesischen Bischofskonferenz anerkennt und ihm zugleich mit einem Sonderbeauftragten Roms die Aufgabe überträgt, eventuelle ungültige oder zweifelhafte Bischofsweihen zu regulieren[46]. Man hat auch schon vorgeschlagen, daß Rom den Erzbischof einlade, um auch äußerlich die Einheit zu dokumentieren, und ihn zu empfangen, wie seinerzeit der russische Patriarch Alexis vom Papst empfangen wurde[47].

Doch muß man ernstlich befürchten, daß solche Vorschläge und Forderungen von vielen Christen in Europa, Amerika und den übrigen Teilen der Welt auf Skepsis und Widerstand stoßen und vielleicht nicht einmal einer Überprüfung für wert erachtet werden. Es sind bisher, wie man leicht feststellen kann, nur kleine Elitegruppen, die sich bemühen, zu einer umfassenderen Schau der Lage in China zu kommen und den Christen in China zu helfen. Hier liegt eine große Aufgabe der Information und der Aufklärung vor uns, weil Kurzsichtigkeit und Unwissenheit grundlegende Lösungen verhindern können. Hier muß auf breiter Basis ein Umdenken angeregt werden, eine Metanoia, die in die Zukunft schaut, aber auch bereit ist zuzugeben, daß die Christenheit des Westens an der heutigen religiösen Lage in China nicht unschuldig ist.

Die Kirchen des Westens müßten sich insgesamt ernstlich fragen, ob sie bereit sind, sich von einer engen ekklesiozentrischen Einstellung, die sich mehr an dem unmittelbaren Vorteil ihrer Organisationen als an den Nöten der Gesellschaft orientiert, zu lösen. Haben die Kirchen des Westens nicht allzulang die chinesische Revolution von außen, d. h. von ihrem Vorteil aus, kritisiert und zu wenig die Anliegen des chinesischen Volkes gesehen? Sind die chinesischen Christen, die sich aus christlicher Überzeugung dem Wohl des Ganzen widmen, uns nicht schon einen Schritt voraus?

Zum anderen müssen sich die Kirchen des Westens fragen, ob sie die Kirchen der Dritten Welt nicht zu lange durch einen fak-

46 Ebd.
47 Ebd.

tischen, vielleicht nicht immer bewußten, jedenfalls vom Evangelium nicht legitimierten ›Imperialismus‹ bedrückt und zu wenig die berechtigten Interessen und Erwartungen der Völker anderer Kulturen beachtet haben? Ist es nicht vielleicht der Wille Gottes, der sich gerade am Schicksal Chinas zeigt, daß wir den jungen Kirchen die Möglichkeit der eigenen Entwicklung lassen und ihnen so die wahre Freiheit und Freundschaft in Christus gewähren?

CHINA ALS HERAUSFORDERUNG
AN DIE KIRCHEN

Von Leslie T. Lyall

Die folgenden Ausführungen stammen von einem Mann, der 23 Jahre lang als Missionar in China gearbeitet hat und dessen Frau aus der dritten Generation einer Missionarsfamilie in China stammt. Sie geben nicht die Meinung einer Kirche wieder, auch nicht die der christlichen China-Studiengruppe in London, die dort seit drei Jahren vierteljährlich zusammenkommt. Sie sind die Stellungnahme eines stark beteiligten Christen.

*I. Was ist die rechte christliche Haltung
dem chinesischen Kommunismus gegenüber?*

Wahrscheinlich ist das Schicksal der christlichen Kirche in China der Hauptgrund für das Urteil vieler Christen über den chinesischen Kommunismus, er sei eine atheistische und antichristliche Gewaltherrschaft. Der chinesische Kommunismus bietet noch andere Anlässe zur Kritik, weil er sich so gewalttätig und autoritär gezeigt hat.
Nun geht es nicht darum, die Gewalttaten der chinesischen Kommunisten bei ihrem Kampf um die Macht oder auch die Ausschreitungen bei der Kulturrevolution zu vergessen. Aber es wäre doch Heuchelei, wenn wir die lange Reihe von Gewalttätigkeiten innerhalb der Kirchengeschichte vergessen wollten, zum Beispiel in der Zeit der Kreuzzüge, während der Reformation, unter der Inquisition, nicht zu vergessen den gegenwärtigen religiösen Konflikt in Irland.
Gewiß erscheint uns die jetzige Regierung Chinas autoritär und läßt wenig Freiheit für persönliches Denken oder Handeln; aber man darf nicht vergessen, daß China niemals die demokratischen Freiheiten des Westens gekannt hat, weder unter den Kaiser-

dynastien noch in der Zeit der Republik. China hat wahrscheinlich nicht die Vorbedingungen zur Entwicklung einer westlichen Demokratie, und ein gewisses Maß an Reglementierung des Lebens scheint in diesem Stadium des chinesischen Volkes unvermeidlich zu sein.
Aber wenn man sich solche für uns im Westen fremdartigen Dinge klargemacht hat, dann muß man auch feststellen, daß ein gewaltiges soziales Experiment in China unternommen wird. China hat als erste Nation mit einer überwiegend bäuerlichen Wirtschaft eine kommunistische Revolution erlebt, die sich von der Revolution in Rußland unterscheiden mußte. Marx' Mehrwerttheorie bedeutet für einen chinesischen Bauern wohl kaum etwas, denn sie hat ihren Sitz im Leben in einer Industriegesellschaft. Die Größe des Vorsitzenden Mao lag in der Anpassung des Marxismus-Leninismus an die speziellen Bedingungen Chinas und seiner Bauern. Deshalb ist für die meisten Länder der Dritten Welt nicht die russische Revolution, sondern die chinesische das eindrucksvolle Vorbild.
Einige der bemerkenswerten Experimente Chinas betreffen die soziale Organisation, die Erziehung und das öffentliche Gesundheitswesen.
Die Kommunen sind ein Experiment *sozialer Organisation*, das die Mehrheit der 800 Millionen Chinesen umfaßt. Jede dieser Kommunen ist eine selbständige Einheit, die sich selbst versorgt, in der Landwirtschaft und Industrie einander ergänzen und wo die gesamte Arbeitskraft zur Erzielung größtmöglicher Produktivität eingesetzt wird. Die Leute haben eigene Häuser und auch ein Stück Land zur freien Eigenwirtschaft. Man muß das ganze Jahr hindurch tätig sein. Aber der einfache Chinese hat es viel besser als je zuvor, wenn auch sein Lebensstandard noch nicht mit dem des Westens, Japans oder Singapurs zu vergleichen ist. Dennoch findet die gemeinsame Arbeit für das Gemeinwohl kräftige Motive, und seit die leichte Industrie über ganz China verstreut aufgebaut wurde, kann auch kein Feind mehr Chinas Stärke durch Zerstörung einiger Industrieschwerpunkte in der Mandschurei oder in Zentralchina lähmen. Diesen großen Leistungen sollten wir als Christen doch wohl positiv gegenüberstehen.

Im Bereich der *Erziehung* ist seit der Kulturrevolution 1966 ein großer Umschwung eingetreten. Die im Westen üblichen Verfahren der Erziehung hat man verworfen. Das Ziel besteht nicht mehr aus einer kleinen Elite, sondern aus einer großen Zahl, die die Grundlagen für eine besondere Ausbildung bekommen haben. China kann nicht warten, bis die herkömmlichen Methoden genug Fachleuten eine abgeschlossene Ausbildung bieten. So sind die Lehrpläne der Oberschulen und Universitäten verkürzt. Auf die Oberschule folgen mehrere Jahre in den Kommunen, ehe die Auswahl zum Studium auf Grundlage der Klassenzugehörigkeit erfolgt. Der Unterricht vereinigt Theorie und Praxis, und zwar mit Erfolg. Z. B. findet vormittags Unterricht statt, während der Nachmittag der Arbeit in Farm oder Fabrik dient. Die Auseinandersetzung darüber, ob die richtige ideologische Einstellung oder die technische Leistungsfähigkeit den Vorrang haben sollen — ›rot‹ oder ›Experte‹ — geht weiter. Der Vorsitzende Mao glaubt felsenfest, daß der Ideologie der erste Platz zukommt. Es gilt als einer der Irrtümer Liu Schao-chi's, daß er der technischen Leistungsfähigkeit den Vorrang zuweisen wollte.

Im Bereich der öffentlichen *Gesundheitsfürsorge* gab es erstaunliche Fortschritte. Chinesische Ärzte wenden westliche Medizin und traditionelle chinesische Medizin nebeneinander an; alterprobte Heilkräuter werden ebenso verschrieben wie Tabletten; die Akupunktur hat wieder Bedeutung gewonnen, obwohl ihr Erfolg wissenschaftlich bisher kaum erklärt werden konnte. Die Zahl der vollausgebildeten Ärzte ist immer noch vollständig unzureichend für die Versorgung von 800 Millionen Menschen. Deshalb hat man einen gewaltigen Trupp von zwei bis drei Millionen ›Barfußärzten‹ ausgebildet, die die Dorfklinik leiten, die häufigsten Krankheiten behandeln und die schwereren Fälle an das nächstliegende Krankenhaus überweisen können. Und auf diese Weise gibt es ärztliche Hilfe für jedermann.

Man könnte die Emanzipation der Frau, die Abschaffung der alten Ehesitten und die neue Stellung der Frau in der Gesellschaft erwähnen. Im Westen ist ›womens lib.‹ ein Gesprächsthema, in China eine Wirklichkeit. Die Fürsorge für die geistig Behinderten innerhalb ihrer Gemeinschaft statt in besonderen

Institutionen ist ein weiteres Experiment, das bemerkenswert ist. Wahrscheinlich aber sind die erstaunlichsten Leistungen der Rückgang der Kriminalität, die veränderte Behandlung der Kriminellen, die Abschaffung der Prostitution und der Geschlechtskrankheiten und die Ausbildung strenger, geradezu puritanischer Sitten bei jung und alt. Die moralische Energie der öffentlichen Meinung in der einzelnen Gemeinschaft ist recht stark.
Damit kommen wir endlich auf *das große ethische Experiment*, das einen Hintergrund in Chinas konfuzianischer und buddhistischer Tradition, vielleicht auch eine Nebenwurzel der christlichen Ethik haben mag. »Bekämpfe das Ich« und »Diene dem Volk« sind für jedermann verbindliche Richtlinien. Laufbahnehrgeiz und selbstsüchtiges Verhalten sind in China heute geächtet. Mao hofft, daß China eine Nation selbstloser Menschen wird, die harmonisch an der Lösung aller Aufgaben zusammenarbeiten, die der Nation gestellt sind. —
Und aus all diesen Gründen muß der Christ trotz vieler Einwendungen und Zweifel gegenüber den Ergebnissen, der Grundabsicht eines der bedeutendsten sozialen Experimente in der heutigen Welt zustimmen.

II. Das christliche Verständnis der Souveränität Gottes über die Geschichte der Welt und der Kirche

Wir haben, wie ich hoffe, unseren Glauben an einen persönlichen Gott, der der allmächtige Schöpfer und souveräne Herr des Universums ist, nicht verloren. Sein Ziel für die Menschen bleibt trotz all der Veränderungen, die wir in unserer Welt erleben, unverändert. Gott führt seinen ewigen Vorsatz in der Geschichte souverän zum Ziel. Würden wir das nicht glauben, könnten wir der Verzweiflung nichts entgegensetzen.
Nun ist im Plan Gottes die Kirche, der Leib Christi, von zentraler Bedeutung, die in sich die Erlösten aller Nationen vereinigt. Die Kirche ist Gottes Werkzeug zur Erfüllung des göttlichen Heilswillens für alle Völker; davon ist China nicht ausgenommen. Wie könnte Gott seine souveränen Rechte an einen irdischen Herrscher abtreten? Christus ist der auferstandene und erhöhte

König, dem alle Gewalt im Himmel und auf Erden gegeben ist. Aus den Worten unseres Herrn: »Ich will meine Kirche bauen« geht deutlich hervor, daß nicht Menschen die Kirche bauen, sondern er; daß die Kirche ihm gehört, nicht Menschen. Er fügt hinzu, daß dieser Bau unzerstörbar sei: »Die Pforten der Hölle sollen sie nicht überwältigen.« Das gilt nicht von dem, was Menschen aufbauen. Jahrhundertelang und insbesondere in den letzten 60 Jahren haben christliche Missionare emsig Institutionen und Organisationen in China aufgebaut. Aber diese von Menschen gemachten Strukturen sind fast ganz verschwunden. Übrig geblieben ist nur, was Christus selber in den Herzen seines glaubenden Volkes geschaffen hat, sein geistlicher Leib. Es ist dieser Leib, der unzerstörbar ist. Eine Umschau über die Zerstörung der Missionsarbeit von anderthalb Jahrhunderten ist tief bedrückend, aber wenn man mit den Augen des Glaubens sieht, wie der Herr in seiner Freiheit sein Werk im Leben von Männern und Frauen in China erhält und fortsetzt, dann wird unser Herz mit Vertrauen und Hoffnung erfüllt.

III. Die christliche Bewertung der Missionsbewegung in China

Die These der chinesischen Kommunisten ist uns schmerzhaft deutlich, nach der die Missionsbewegung von Anfang bis zum Ende nichts als ein Teil eines großen imperialistischen Angriffs auf China und die Kirche in China nichts als ein Werkzeug des Imperialismus war.

Es ist leicht, in der Rückschau auf die Missionsarbeit zu erkennen, was wir damals nicht ausreichend klar erkannten: ihre vielen Schwächen. Heute ist es klar, daß die Mission viel zu zersplittert war; daß es viel zu viele Missionsorganisationen gab; daß man zu viel oder zu wenig (je nach dem eigenen Standpunkt) Gewicht auf Erziehung gelegt hat. Mission und Missionare haben im großen und ganzen die Begegnung mit der chinesischen Kultur nicht gemeistert, die Matteo Ricci jedenfalls versuchte. Die Kirche war viel zu sehr mit Kräften der Reaktion statt mit Kräften, die die notwendigen sozialen Reformen anstrebten, verbündet.

Diese Kritik hat einen Wahrheitskern. Aber allem menschlichen Versagen zum Trotz hat Gott seine unvollkommenen Werkzeuge gebraucht, um seine Kirche zu bauen.
In jedem Zweig der Kirche in China konnte man lebendige Glieder des Leibes Christi finden. Wer dort als Missionar gedient hat, konnte echte christliche Gemeinschaft erfahren, die etwas anderes ist als Kirchenorganisation. Wir Chinamissionare kennen wahre Gottesmänner, deren Führung in den Gemeinden in jeder Weise hervorragend war; wir erinnern uns an einfache und bescheidene Leute, die Gott liebten und Christus nachfolgten, auch wenn ihnen das viel Verfolgung und Leiden einbrachte. Ohne Zweifel, Christus war am Werk und baute seine Kirche in den bekannten konfessionellen Organsiationen, ebenso in den unabhängigen Kirchenbewegungen. Es ist wohl nicht überflüssig, uns ins Gedächtnis zu rufen, daß von der Gesamtzahl der Protestanten in China nicht weniger als ein Fünftel oder etwa 200 000 Mitglieder den drei größten selbständigen Bewegungen angehörten, die vollständig unabhängig von den Missionsgesellschaften arbeiteten. Es ist doch gut möglich, daß diese unabhängigen Kirchen infolge ihrer Trennung von ›fremden‹ kirchlichen Organisationen und auf Grund ihrer Betonung der Selbständigkeit jeder einzelnen Gemeinde die Kraft zum Überleben haben, wo andere Kirchen zusammengebrochen sind.

IV. Was wissen wir über die Fortexistenz der Kirche in China?

1. Wir wissen, daß Gott sein Volk in China hatte; und was er mit seiner Schar begonnen hat, das hat er verheißen fortzuführen. Gott kennt keine Niederlagen. Seine Arbeit geht weiter, auch wo die Arbeit der Missionen an ihr Ende gekommen ist. Sein Geist wirkt in seinem Volk, auch wenn einige seiner Diener haben fortgehen müssen.
2. Bis 1966 gab es regelmäßig Nachrichten aus China, die von dem Wirken Gottes in allen Teilen des Landes berichteten. So war es 1961 einem christlichen Führer, der mehrere Jahre lang inhaftiert gewesen war, möglich, weite Reisen in Rotchina zu machen. Nach dem Besuch der Provinz Shansi schrieb er: »Ich

kann nicht alles beschreiben, was ich gesehen habe. Aber Gottes Werk geschieht im Leben vieler gläubiger Christen in herrlicher Weise. Wir müssen ihm für seine Fürsorge und seinen Schutz Preis und Dank sagen. Früher war die Kirche hier auf Sand gebaut. Jetzt ist sie auf den Felsen gegründet. Gott macht keine Fehler. Ich bin sehr dankbar, daß ich die Brüder im Glauben fest gefunden habe. Das war bei vielen jungen Leuten besonders deutlich.«

3. Trotz der Kulturrevolution von 1966 und der Schließung aller Kirchengebäude gibt es mehr und mehr Anzeichen, daß Gott auch nach dieser Zeit am Werk ist. So kommen immer wieder einmal Briefe, die auf die christlichen Rundfunksendungen mit Tönen eines lebendigen Glaubens antworten. Es gibt Briefverbindungen von christlichen Chinesen in Südostasien mit ihren Verwandten. Manche Flüchtlinge haben nach dem Verlassen Chinas berichtet, daß es in dem Bereich, den sie persönlich kannten, kleine Hausgruppen gab, die zum Gebet und zu christlicher Gemeinschaft zusammenkamen. Solche Berichte tauchen immer wieder einmal auf; man kann nicht annehmen, daß sie falsch sind. Dann gibt es Einzelaussagen. Ein Chinese, der sich nach Hongkong durchschlug, berichtete, wie er in China Christ geworden war und das auch seinen Altersgenossen bezeugt habe. Eine 1972 legal ausgewanderte Chinesin berichtete, daß sie im 5. Schuljahr zum Glauben gekommen sei; sie berichtete von regelmäßiger Familienandacht und von Gemeindegottesdienst in ihrem abgelegenen Dorf, wo fast die Hälfte Christen waren; im Nachbardorf war die ganze Bevölkerung christlich.

Man fragt sich immer wieder, wie wohl die Kinder von Christen in einem materialistischen, atheistischen System erzogen werden. Was wird aus der nachwachsenden Generation? Auch dazu gibt es gelegentliche Einzelnachrichten, über Verwandte und persönliche Bekannte, die von dem Einfluß der Familie, aber auch von Begegnungen mit anderen Christen und von eigener Entscheidung für den Glauben berichten. Solche Berichte enthalten auch traurige Nachrichten, und es ist selten möglich, sie zu überprüfen oder ihre Gewichtigkeit abzuschätzen.

Es sind sehr verschiedene Besucher und Kontakte, die solche einzelnen Spuren christlichen Glaubens finden; selbst offiziell zugelassene Begegnungen mit Vertretern der protestantischen und katholischen Christenheit waren nach der Kulturrevolution schon möglich, und in Peking ist eine Kirche wieder geöffnet. Im ganzen aber haben die Kirchen kaum ein öffentliches und in Gebäuden zugängliches Leben, sondern sind auf eine weniger sichtbare Existenzform angewiesen.

V. Was für Aussichten hat das Christentum in China in der Zukunft?

1. Die Freiheit des religiösen Glaubens ist immer noch in den Verfassungen aller kommunistischen Länder als menschliches Grundrecht verankert. Zeitungen in Nordvietnam haben diese Rechte noch 1971 mit Eifer betont; anders als in China haben dort die katholischen und protestantischen Kirchen auch während der Kriegsjahre öffentlich weiterarbeiten dürfen. Ebensowenig sind die christlichen Kirchen in Osteuropa, Kuba oder Chile verdrängt worden.
2. China ist inzwischen Mitglied der Vereinten Nationen und wird dabei auch eine Form der Zustimmung zu den vier Freiheiten äußern. Wahrscheinlich wird China Wert darauf legen, in der Frage der religiösen Toleranz neben Rußland in keinem ungünstigen Licht dazustehen. Auch wird es in dieser Frage von der Linie der übrigen kommunistischen Länder nicht stark abweichen. Deshalb ist eine gewisse Abschwächung der Restriktionen wahrscheinlich und wird auch bereits Wirklichkeit.
3. Gegenwärtige Tendenzen und der Einfluß von Chu-Enlai, dem maßvollen Politiker, könnten dafür sprechen, wenn Chu auf die Wahl der zukünftigen Führer Einfluß hat, daß nach dem Tod des Vorsitzenden der Kommunistischen Partei eine weniger radikale Regierung möglich ist. In der Außenpolitik gibt es jedenfalls schon Anzeichen einer weniger radikalen Haltung.
4. Wäre es nicht möglich, daß die chinesische Kirche nach 25 Jahren nicht nur überlebt hat, sondern sich auch in den Augen der Regierung von der ›Schuld‹ ihrer imperialistischen Vergangenheit hat reinigen können und deshalb etwas von der Freiheit, die sie einmal hatte, wiederbekommen kann?

5. Sicher ist, daß in absehbarer Zukunft keine Christen aus dem Ausland in China bleiben dürfen, wenn sie nicht von der chinesischen Regierung und der chinesischen Kirche dazu eingeladen sind oder als Spezialisten gebraucht werden. Mit anderen Worten, es wird nicht möglich sein, auf Initiative von außen nach China hineinzukommen; die gutgemeinten Hoffnungen und Pläne einiger ausländischer Organisationen mit Sitz in Hongkong, Amerika und Europa sind da sicher im Irrtum.
6. Nicht ausgeschlossen aber sind kurze Besuchskontakte von Christen bei chinesischen Kirchen und von chinesischen Christen bei Kirchen in anderen Ländern, die zur Beratung und Stärkung der Gemeinschaft viel bedeuten können. Zwar darf man auch hier nicht allzuviel erwarten und wird gut daran tun, wenig davon zu berichten.
7. Diese Möglichkeiten von Besuchskontakten könnten für Christen aus anderen Ländern Asiens etwas größer sein, z. B. im Rahmen der speziellen Beziehungen zwischen China und Japan.
8. Einstweilen muß die Möglichkeit christlicher Rundfunksendungen so weitgehend und so überlegt wie möglich ausgenutzt werden, die unlängst noch einmal durch einen 1000-Kilowatt-Sender der fernöstlichen Rundfunkkompanie auf der Insel Cheju ausgebaut werden konnten. Technisch kann man jetzt ganz China mit Kurzwellensendungen erreichen. Auch dürfen die Versuche nicht aufgegeben werden, China mit chinesischen Bibeln zu versorgen. In anderen kommunistischen Ländern sind Bibeln nicht verboten; warum sollte das in China geschehen? Vielleicht kann die geschehene Bibelvernichtung unter die irrtümlichen Linksabweichungen gerechnet werden, über die Chinas Führung ihr Bedauern aussprach?
Es folgt ein Vorschlag, unsere Gebetsanliegen in folgenden Richtungen zu sehen:
eine weniger radikale Haltung der Regierung,
mehr Freiheit für Gottesdienst und Zeugnis der Christen,
Weisheit und Mut für die chinesische Kirche, ihr Zeugnis aufrecht zu erhalten; der Schlüssel für die Zukunft wird nicht in Hilfe von außen, sondern bei der chinesischen Kirche liegen;
erneute Kontakte zwischen den Kirchen in der Volksrepublik und Kirchen in anderen Ländern;

Einsicht für den rechten Gebrauch der Sendemöglichkeiten, Beschaffung von Bibeln für die Christen in China, das nur einige Schlagworte gegen das Christentum, aber nicht dies selbst kennt.
Das Gebet ist unsere stärkste und wirksamste Waffe in der gegenwärtigen Situation. Das Gebet kennt keine Grenzen. Der britische Dichter Tennyson sagte: Das Gebet bewegt die Hand, die die Welt bewegt. Unser Herr selbst sagt: Bittet, so wird euch gegeben.

CHINA ALS HERAUSFORDERUNG AN DIE KIRCHEN

Von Winfried Glüer

I. Vorüberlegungen

Seit der ›Großen Kulturrevolution‹ hat die von Mao im Jahre 1942 ausgesprochene Forderung, die Kunst müsse die Ziele und Ideale der Revolution zum Ausdruck bringen, in einer Reihe von exemplarischen Schauspielen konkrete Gestalt angenommen. Die ›revolutionäre Oper‹ und das ›revolutionäre Ballett‹ der vergangenen Jahre stellen den Versuch einer Kunstform dar, in der die stilistischen und inhaltlichen Elemente der vorgegebenen Ideologie integriert sind. Die Mehrzahl dieser Stücke gibt eine Deutung der jüngsten Geschichte Chinas: es wird die Befreiung der Unterdrückten dargestellt. Die ehemals Ausgebeuteten nehmen nach ihrer Emanzipation an der Aufgabe der Revolution teil und gehen im fortgesetzten Klassenkampf einer besseren Zukunft entgegen.

Das schon aus den fünfziger Jahren bekannte Drama *Pai Mao Nü* (Das weißhaarige Mädchen) ist inzwischen ebenfalls in neuer Regie als revolutionäres Ballett bearbeitet worden. Eine in mehrfacher Hinsicht bemerkenswerte Aufführung dieses Stückes wurde im Januar 1972 in Schanghai verfilmt. Bemerkenswert an dieser Bearbeitung ist die Verfeinerung der Regieführung im Unterschied zu den ersten, propagandistisch plump wirkenden Exemplaren der neuen Gattung. Künstlerische Ausdrucksformen von höherem Niveau finden hier durch das Medium des Balletts (westlicher Prägung) eine eindrückliche Gestalt für die Aussage des Kampfes um den Menschen und um ein neues China nach den von Mao Tse-tung gesetzten Richtlinien der Interpretation des Marxismus und Leninismus. Für unser Thema ist an diesem

Stück der religiöse Hintergrund bemerkenswert, der als Kontrast für das Neue dient.
Vor einem buddhistischen Altar in den Gemächern der alten Mutter eines Großgrundbesitzers wird eine der zahlreichen Dienerinnen des Hauses geschunden, erniedrigt und bis zur Bewußtlosigkeit gepeitscht, während die alte Frau mit dem Rosenkranz in der Hand voller Genugtuung zuschaut. Unaufdringlich, nur für einen kurzen Augenblick streift die Kamera drei über dem Altar eingemeißelte Schriftzeichen: *Tsi schan t'ang* — »die Halle, in der gute Werke aufgehäuft werden«. Mit dem Hinweis auf den Widerspruch zwischen religiösem Anspruch und der Praxis gilt die Religion als erledigt. Kein weiteres kommentierendes Wort fällt. Im Lichte marxistischer Religionskritik ist die Situation einhellig. Vor dem Altar findet die Schändung der Unterdrückten statt. Aber durch das Altarbild springt später das Mädchen, dessen Haare inzwischen durch Entbehrung und Schrecken schneeweiß geworden sind, wie ein Rachegeist hervor, als der Mächtige durch die Gewalt des proletarischen Zornes bedroht und vor Angst schlotternd bei Nacht seine Zuflucht zu Buddha nimmt. Die Religion ist entlarvt als ein Produkt der Herrschenden. Sie dient der Unterdrückung und Ausbeutung. Schutz aber bietet sie niemandem, nicht einmal denen, die sie erfanden oder für ihre ungerechten Zwecke in Gebrauch nahmen[1].
Für unser Thema ist die geschilderte Szene in zweifacher Weise wichtig.
Man sollte die groteske Überspitzung der hier geäußerten Kritik nicht überschätzen. Zwar ist sie kein außergewöhnliches Beispiel dafür, wie in der Tradition von Karl Marx Religion schlechthin gesehen wird. Zweifellos ist mit der religiösen Heuchelei, deren Opfer Pai Mao Nü wird, nicht allein der Buddhismus gemeint, sondern alle Glaubensformen, die christliche inbegriffen. Indem diese Kritik aber als Schablone über die Bühne geht, ohne weiteren Kommentar, für alle selbstverständlich einsichtig, erweist sie sich als grobschlächtig und pauschal. Sie ist ein Klischee, das jeg-

---

[1] Von einer ideologischen Aufweichung zu einer pragmatischen Haltung, die Gedanken- oder Religionsfreiheit gewährt, ist bei diesem Regisseur noch nichts zu verspüren. Beachtlich aber ist die Wandlung in der Anwendung künstlerischer Ausdrucksmittel zur Darstellung des humanum.

licher Präzision ermangelt. Dabei ist aber zu betonen, daß im Rahmen der chinesischen Kulturgeschichte dieses Klischee durchaus nicht nur als kommunistisch angesehen werden kann. Es bringt zum Ausdruck, wie ›Religion‹ in China traditionell gewertet wird. Das Marxsche Verdikt fügt sich bruchlos zu der weithin geläufigen Haltung, daß Religion ein Ausdruck von Aberglauben sei.
Es hat zwar in China von altersher immer wieder Vertreter tiefen religiösen Hoffens und Glaubens gegeben. Dafür sind einige Aussprüche des Konfuzius — trotz seiner bekannten Zurückhaltung auf diesem Gebiete — Zeuge, mehr noch die Schriften der großen Taoisten und Buddhisten. Im Volk aber war zu allen Zeiten bis zum heutigen Tage eine synkretistische Popularfrömmigkeit verwurzelt, eine Mischung von Geisterfurcht und magischen Praktiken, Aberglauben und zugleich einer selbstverständlichen Weltlichkeit. Demgegenüber fand die Haltung der Gebildeten ihren klassischen Ausdruck in dem berühmt gewordenen Memorandum, mit dem Han Yü aufgrund der konfuzianischen Tradition im Jahre 819 dem Kaiser entgegenhielt, wie entwürdigend es sei, sich mit Aberglauben einzulassen. Diese Haltung ist typisch für die ehemals einflußreichste Schicht der chinesischen Gesellschaft. Sie hat letztlich die geistliche Kraft des Buddhismus in China gebrochen. In der frühen Zeit der Republik, zu Beginn des zwanzigsten Jahrhunderts, ergriff sie die studentische Jugend in einer Massenbewegung. Vergeblich suchte man in den religiösen Traditionen Chinas eine konstruktive Kraft, die zum Aufbau einer neuen Nation geeignet wäre. Darum wurde das Alte leidenschaftlich bekämpft. Darum verfielen alle religiösen Ausdrucksformen dem Nein der jungen Intelligenz. Westliche, säkularistische Einflüsse fanden hier einen fruchtbaren Boden vor.
Und in der Tat, was die chinesischen Religionen zu bieten hatten, waren nicht sonderlich eindrucksvolle Alternativen. Das Programm der Reformbuddhisten entwickelte sich erst, nachdem sie durch den antireligiösen Sturm der zwanziger Jahre aus ihrem Schlafe aufgeweckt worden waren. Der Taoismus bot keine Lösung für die drängenden Tagesprobleme. Die christliche Verkündigung und ihre praktische Verwirklichung aber waren von Grund auf suspekt.

Die Absage an die Glaubensformen kann nur in diesem weiteren Rahmen richtig gesehen werden. Es ist wichtig, dies hier zu betonen, da weithin der bisherige Verlauf der Kirchengeschichte in China ohne Verständnis für die psychologische Disposition und für die geschichtliche Situation Chinas beurteilt wird. In China konnte man schwerlich als selbstverständlich hinnehmen, was kein Christ in Frage stellt: daß die Sendung in die Welt zum Wesen der Kirche Jesu Christi gehört. Es hat jedoch den Anschein, als entzünde sich eine negative Beurteilung des Geschehens in der Volksrepublik China bei vielen vor allem an der in China offenbaren radikalen Ablehnung der christlichen Kirche. Die Szene aus dem revolutionären Ballet Pai Mao Nü sollte daran erinnern, daß es im kommunistischen China keine Christenverfolgung im Sinne einer isolierten Unterdrückung der Kirche allein gegeben hat. Die Absage an die Religion ist grundsätzlich allgemeiner Art und richtet sich gegen jede Glaubensform, sofern ihre Verwirklichung im täglichen Leben nicht radikaler Natur ist. Dieser Vorwurf findet sich aber schon lange vor Mao Tse-tung.
Ein Zweites gibt das Ballett Pai Mao Nü zu bedenken. Der dort geäußerten Religionskritik können wir ohne weiteres zustimmen. Sie wendet sich gegen den Mißbrauch der Religion, wie er in China — und bis heute nicht nur dort — in eklatanter Weise zu beobachten ist. Gegen fromme Heuchelei haben die Profeten ihre Stimme erhoben. Unter diesem Gericht steht auch die Christenheit. Indem wir dies anerkennen, fühlen wir uns allerdings nicht angesprochen, wenn die gängige marxistische Religionskritik meint, durch den Hinweis auf den Widerspruch zwischen der Praxis und der Form des Glaubens den Glauben als solchen für erledigt ansehen zu können. Dagegen haben wir uns zu verwahren. Abusus non tollit usum.
Im folgenden soll dieser Grundsatz auch auf unsere Sicht der Revolution in China angewandt werden. Ohne Frage sind in ihrem Verlauf Eingriffe in menschliche Grundrechte erfolgt, die schwere Opfer von bestimmten Teilen der Bevölkerung forderten. Eine Revolution impliziert die Anwendung von Gewalt, wobei Exzesse nicht ausgeschlossen sind. Einer fehlerhaften Praxis aber stehen Normen entgegen, nach denen derartige Handlungs-

weisen als Auswüchse kritisiert und abgelehnt werden. Zu einem Zeitpunkt, an dem die wahre Gestalt der Revolution und ihres fortlaufenden Vollzuges nur teilweise nachprüfbar ist, ihre Beurteilung jedoch weiterhin tendenziös erfolgt, oft beeinflußt von denen, die die Härte der Revolution selbst zu tragen hatten — nicht immer ohne Grund — sollte man sich zur Nüchternheit mahnen lassen und in Objektivität die Situation abwägen. Auch hier gilt der Grundsatz, daß Mißbrauch nicht die Richtigkeit eines Grundprinzips aufhebt. Die weitere Untersuchung soll von diesen Prämissen her erfolgen.

II. Alternativen einer christlichen Antwort auf die Herausforderung

Eine Herausforderung an die Kirche durch China ist nicht erst heute empfunden worden. Sie besteht schon über Jahrhunderte hin. Eine besondere Form hat sie angenommen, als China sich zur Revolution anschickte. Die Revolution Mao Tse-tungs kann dabei nicht aus dem Gesamtzusammenhang der seit dem Ende des neunzehnten Jahrhunderts begonnenen Revolution herausgelöst werden. Sie stellt lediglich die letzte Stufe einer in sich konsequenten Entwicklung dar. Dieser Entwicklung Chinas auf der Suche nach einer neuen nationalen Gestalt, nach einer Umformung seiner veralteten Gesellschaftsform, nach gültigen Richtlinien für das ethische Verhalten des einzelnen im Dienste des Ganzen sah sich die Kirche in der ersten Hälfte dieses Jahrhunderts gegenüber.

Drei Grundtypen christlicher Präsenz finden sich evangelischerseits im China der Zeit zwischen den beiden Weltkriegen[2]. Zahlenmäßig bei weitem überwiegt der konservative Typus. Relativ einflußreich ist der liberale Typus, vor allem durch seine Aktivi-

---

[2] Die im folgenden gegebene Darstellung schließt nicht aus, daß es eine kirchliche Präsenz in China gab, die sich in Einzelheiten von den hier gegebenen Haupttypen unterscheidet. Die römisch-katholische Kirche klammere ich hier aus. Ob C. P. Fitzgerald (The Birth of Communist China, Pelican, London, 1964, S. 125 f.) die der katholischen Mission unterliegenden Grundsätze zutreffend darstellt, sei hier dahingestellt.

tät im Schul- und Universitätswesen. Daneben gibt es eine kleine Gruppe von sozialistisch orientierten Theologen, um die sich ein Teil der chinesischen Jugend schart.

1. Die Verkündigung der *Konservativen* legt das Schwergewicht auf die Gemeindebildung durch Einzelbekehrung. Eine Analyse von Schrifttum und Predigten dieser Gruppe zeigt deutlich einen individualistischen Ansatz. Es geht um Befreiung von Geisterfurcht, von Sünde und der Last von Verschuldung vor Gott und den Menschen. Oft bestimmt ein gesetzlicher Zug die Lebensform dieser Kirchen. Der einzelne wird in eine rigorose Zucht genommen, die mehr einem engen Moralismus nahekommt als der Freiheit unter dem Evangelium. Sofern dieser Moralismus sich nicht in veräußerlichten Trivialitäten zeigt, die aus dem westlichen, vorwiegend puritanischen Kulturkreis reflektionslos übertragen wurden, kommt er einer chinesischen Tendenz zur Ethisierung entgegen, wie sie sich vor allem im Konfuzianismus manifestiert. Die vorherrschende Konzentration auf das Individuum führt jedoch in der Regel an dem Ganzen der Gemeinschaft von Familie, Gesellschaft und Staat vorbei. Insofern nimmt diese moralistische Tendenz nicht die im Konfuzianismus vorgegebene Richtung auf, sondern biegt sie in engere personalistische Formen um.

Es geht an dieser Stelle nicht darum, dieser Gruppe geistlichen Ernst und Tiefe abzusprechen. Auch ist nicht zu leugnen, daß von ihr diakonische Impulse ausgegangen sind, wenngleich diese in der Regel dem Ziel der Einzelbekehrung untergeordnet waren. Bestimmte Aspekte des Evangeliums kamen in der Verkündigung und im Leben der Christen dieser Prägung zur Geltung. Jedoch wiegt es schwer, daß andere wichtige Momente, die davon unabtrennbar sind, nicht oder nur ungenügend bezeugt worden sind. Ng Lee-ming weist am Beispiel von Wang Ming-tao nach [3], wie diese Gattung der Predigt die Kirche in das Getto führt.

---

[3] Ng Lee-ming, masch.-schriftl. Dissertation, Christianity and Social Change — The Case in China; 1920—1950. Bislang veröffentlicht sind zwei Kapitel: ›An Evaluation of T. C. Chao's Thought‹ in Ching Feng, XIV, 1—2 (1971), S. 5—59; und ›A Study of Y. T. Wu‹ in Ching Feng, XV, I (1972), S. 5 bis 59.

Wang Ming-tao ist einer der bekanntesten Prediger der ausgehenden vierziger Jahre in China. Wenige Jahre nach der Begründung der Volksrepublik kommt es zu einem offenen Bruch zwischen ihm und dem Staate. Inhaftiert, wird er zum Widerruf seiner Äußerungen geführt, den er nach seiner Freilassung öffentlich zurücknimmt. Als ein gebrochener Mann unterliegt er in einem ungleichen Kampfe.
In den Jahren des Umbruchs und der kommunistischen Revolution versammeln sich unter seiner Kanzel Tausende von geängsteten und verwirrten Menschen. Viele seiner Predigten sind in Hongkong in chinesischer Sprache veröffentlicht. Ihre Hauptaussage ist futuristisch-eschatologisch. Angesichts der stürmischen Ereignisse der Gegenwart verweist Wang Ming-tao auf den Trost des kommenden Gottesreiches. Die Welt und ihre Fragen liegen — abgesehen von der Versuchung, die sie für den Christen darstellen — außerhalb seines Gesichtskreises. Wangs Konflikt mit dem Staate entzündet sich nicht in erster Linie an einer politischen Haltung, nach der er sich genötigt sieht, dem kommunistischen Regime offen entgegenzutreten, sondern an seinem theologisch geprägten, a-politischen Standpunkt. Gesellschaft und Staat berühren ihn nicht. Kommunale Fragen, positive Beiträge zum Aufbau Chinas liegen für ihn außerhalb christlicher Verantwortung — besonders unter den zu seiner Zeit gegebenen Umständen.
Wegen seiner mutigen Haltung ungeachtet der Bedrohung und Zerstörung seiner Existenz gilt er als einer der am weitesten bekannten und geachteten Märtyrer der chinesischen Kirche. Ohne seinen persönlichen Einsatz und seiner inneren Aufrichtigkeit Abbruch tun zu wollen, hat Ng Lee-ming überzeugend nachgewiesen — und dies läßt sich leicht am weiteren Quellenmaterial überprüfen — daß die Predigt Wang Ming-taos und vieler anderer, die ihm nahestanden, die Kirche in ihrem Lebensbezug irrelevant machen mußte und darüber hinaus das Opfer Wang Ming-taos und der Christen seiner Prägung ihres Sinnes beraubte. Neben Wang Ming-tao sind die Namen vieler anderer bekannt, deren beste Kraft aus den gleichen Gründen und auf ähnliche Weise gebrochen wurde. Verharrend in einer Frontstellung, die von Anfang an unglücklich war, fühlte man sich

zum Kampfe herausgefordert — und unterlag, theologisch ungenügend zugerüstet und in Verkennung der tatsächlichen Erfordernisse der Situation, zu denen man längst den Kontakt verloren hatte.

2. Ähnlich vollzieht sich die Begegnung der *liberalen Gruppe* mit der Revolution. Ihre Grundziele werden, nachdem sie langsam in das Bewußtsein der Theologen eindringt, anerkannt. Kommunistische Trägerschaft der Revolution wird jedoch abgelehnt. An dem Mandat der Kuomintang verzweifelt man, je mehr diese in Korruption und Verfall versinkt. Getreu der liberalen Tradition verfolgt man theologisch die Pflege des Individuums und einer individualistischen Bewußtseinsbildung. Aus der Summe der neugewordenen Individuen, so hofft man, werde sich schließlich eine neue Nation ergeben, die vom christlichen Geiste wesentlich beeinflußt ist. T. C. Chao[4] kann als exemplarisch für diese Gruppe angesehen werden. Sein Jesusbild[5] zeigt Jesus in konfuzianistischem Gewande als den vollkommenen Menschen. An der hier vorgeschlagenen Erneuerung des einzelnen aber geht das in Wirren und Krieg gestürzte China der dreißiger und vierziger Jahre vorüber. Chao wendet sich von seinem theologischen Ansatz ab und rückt in die Nähe Karl Barths. Bald nach der Begründung der Volksrepublik verstummt seine Stimme. Die Spuren der liberalen Predigt — und ihres Erziehungswesens — zeigten schon vor 1949 nicht mehr die alte Festigkeit. Später verschwanden sie völlig.

3. Geschlagen und dezimiert wurden auch die Vertreter der dritten Gruppe, obwohl sie anders als die beiden oben charakterisierten nicht im Individualismus steckenblieb. Auch hier werden Glaube und geistliches Leben des einzelnen gepflegt, aber in enger Beziehung zu der Gesamtheit des Volkes und der Gemeinschaft, der man zugehört. Ihre hervorragenden Vertreter finden sich unter den Theologen, die als CVJM-Sekretäre in den Groß-

---

4 Cf. Ng Lee-ming, op. cit.
5 Cf. frühe Ansätze in verschiedenen Aufsätzen der Zeitschrift Cheng-li yü sheng-ming; auch das Jesusbuch Yeh-su chuan, 1935, neuaufgelegt Hongkong 1965.

städten mit Studenten und Jugendlichen arbeiten. Der Weg, den Y. T. Wu vom Standpunkt des ›Social Gospel‹ bis zur *Identifikation* mit den Zielen des Kommunismus ging, ist eingehend von Ng Lee-ming geschildert[6].

Die Herausforderung Chinas an die Kirche sieht man eindeutig als Teilhabe am Leben der gesamten Gemeinschaft des Volkes. Die Liberalen waren sich dessen wohl bewußt, aber sie kamen nicht über ihren Idealismus hinweg zur praktischen Anwendung. Bei Y. T. Wu und seinen Freunden wird das Lehren zum Leben, so sehr, daß sie schließlich ganz in der Aufgabe des ›nationalen Aufbaus‹ aufgehen. Wus Aufrufe in der Zeitschrift ›T'ien Feng‹ werden nach 1952 immer weiter politisiert. Die ursprünglich theologische Zeitschrift, das Sprachrohr der Drei-Selbst-Bewegung, wendet sich schließlich gänzlich dem Politischen zu, bis ihr Erscheinen völlig eingestellt wurde. Wu ist eine umstrittene Persönlichkeit. Wieweit er als Sprecher der chinesischen Kirche gelten mag, sei dahingestellt. Daß seine Entwicklung gradlinig und konsequent verläuft, spricht für die Integrität seines Gewissens. Den Vorwurf der billigen Kollaboration und des faulen Kompromisses wies man in den ihm nahestehenden Kreisen jedenfalls scharf zurück[7].

Die christliche Verkündigung in China hat zu jeder Zeit vor großen Kommunikationsschwierigkeiten gestanden. Hans Waldenfels veröffentlichte kürzlich eine Untersuchung über den Unterschied zwischen japanischen und europäischen Denkstrukturen[8]. Was er über Japan schreibt, gilt entsprechend auch für China. Das Dilemma der christlichen Kirche besteht darin, daß sie eine *Lehre* gebracht hat, während die ostasiatische Form reli-

---

[6] Cf. Ng Lee-ming, op. cit.
[7] Cf. Kiang Wen-han, Das Verhältnis von Kirche und Staat, in Nanking Seminary Magazine, Aug. 1957. Dieser Artikel ist bemerkenswert wegen der Klarheit der theologischen Sicht, wegen seiner wohlbedachten Sprache — die durchaus nicht ›ungeschützt‹ ist, wie kürzlich behauptet — und wegen einer kompromißlosen Haltung, die sogar mutige Forderungen, z. B. nach ökumenischen Kontakten, stellt, und das zu einer Zeit, als die ›Hundertblumenperiode‹ abgeschlossen ist und die große Abrechnung mit denen, die sich zu weit hervorgewagt hatten, durch die Anti-Rechtsabweichler-Aktion bereits begonnen hatte oder aber schon ihre Schatten voraus warf.
[8] Waldenfels, Überlegungen zu einer japanischen Theologie, in Zeitschrift für Missionswissenschaft, 55. Jahrgang, Heft 4 (Okt. 1971), S. 241 ff.

giösen Lebens der *Weg* (Tao) ist. Wie die Christenheit den ›Weg‹ gehen soll, ist von Waldenfels nicht diskutiert, obwohl hier erst das eigentliche Problem liegt. Die zuletzt besprochene Gruppe chinesischer Christen jedenfalls fand den für sie einzig gangbaren ›Weg‹ in der aktiven Partizipation im Leben ihres Volkes und ihrer Gesellschaft. Ng Lee-ming und andere chinesische Christen außerhalb der Volksrepublik China sehen unter den drei repräsentativen Gruppen der chinesischen Christenheit aus der Zeit vor dem Umbruch einzig den Weg der letzten als gangbare Möglichkeit für ein glaubwürdiges christliches Zeugnis und Leben. Dabei schließen sie nicht theologische Arbeit und geistliches Leben aus. Sie fordern aber das Konkret-Werden christlichen Lebens im Dienst. Für diese jungen Christen — sie gehören zumeist der jüngeren Generation an — wie für die Christen in der Volksrepublik, die sich um Y. T. Wu scharten, ist der kommunistische, maoistische Staat nicht ein apokalyptisches Gebilde, vor dem man sich zu fürchten und das man zu bekämpfen hat, sondern es ist ein Partner, mit dem man gegebenenfalls in gemeinsamer Front Probleme ausräumen kann, die die Menschheit befallen haben, und mit dem man zumindest über wichtige Fragen, die im gegenseitigen Verhältnis aufgebrochen sind, einen Dialog beginnen muß.

Die Herausforderung an die Kirche ist hier als Forderung nach Konkretion christlicher Existenz gesehen. Sie trifft mit dem radikalen Verständnis der Nachfolge zusammen, wie sie von Jesus gepredigt ist, aber schon bald in der Geschichte der Kirche domestiziert wurde. Sie nimmt sodann einen typisch chinesischen Ansatz auf, der sich im Konfuzianismus mit der Frage nach der Lebensverwirklichung und Erfüllung des einzelnen und der Gesamtheit verfolgen läßt und der in der Neuzeit auch im chinesischen Buddhismus Ausdruck gefunden hat. Besonders stark aber kommt er in der Revolution Mao Tse-tungs zur Geltung. Diese Betonung der Konkretisierung, des Erdgebundenen, hat Geltung über den chinesischen Kulturkreis hinaus. Sie rührt an das alttestamentliche Heilsverständnis, wie es sich im die gesamte menschliche Existenz umfassenden Begriff shalom äußert, der über eine lange Zeit in der westlichen Theologie nur noch in spiritualisierter Form bekannt war.

III. Die Revolution und das Heil

Das Ziel der chinesischen Revolution erschöpft sich nicht im Nationalismus. Angestrebt ist die Befreiung aller Unterdrückten und Ausgebeuteten. Die Ketten werden abgeworfen. Neue Menschen erheben sich aus der Knechtschaft, gerettet von einem Leben in Schande und Entbehrung, selbst frei von Eigensucht zum Dienst am anderen. Die Revolution wird im geläufigen Sprachgebrauch als *Chich-fang* – Befreiung – bezeichnet. Damit tritt sie in die Nähe eines zentralen biblischen Begriffs. Befreiung ist allerdings vordringlich nur als immanentes Geschehen gedacht. Ähnlich steht es mit dem Begriff des Retters oder ›Heilandes‹, der in Liedern und Gedichten oft auf Mao Tse-tung angewendet worden ist. Mao gilt als der ›große rettende Stern‹ *ta chiu hsing*. In sprachlicher Analogie ist dieser Begriff — namentlich im Englischen — nahe an das biblische Heil herangerückt oder gar mit ihm identifiziert worden.

Das chinesische Wort für Rettung ist ursprünglich kaum im religiösen Bereiche verwurzelt. Es erscheint zwar in buddhistischer Sprache, aber an nicht zentraler Stelle[9]. Erst in christlicher Terminologie ist das chinesische Wort zum Ausdruck für ›Heil‹ im vollen Sinne gebräuchlich geworden. Wieweit dies im kommunistischen Sinne mitschwingt, ist zumindest fraglich. Die geläufige Übersetzung von *chiu* als ›salvation‹ hat hier Assoziationen hervorgerufen, die nicht unbedingt vorliegen. Von hier aus ist mancher vorschnell zu einer naiven Identifikation von Heil im biblischen Sinne und der chinesischen Revolution gekommen, sei es auf Seiten derer, die in diesem chinesischen Sprachgebrauch eine bewußte Blasphemie sehen, oder auch bei denen, die unkritisch die ›Heilands‹-rolle Mao Tse-tungs akzeptieren. Entsprechend dem christlichen Sprachgebrauch liegt allerdings im Chinesischen die Assoziation von ›salvation‹ und ›savior‹ nahe. Es ist jedoch fraglich, wieweit dies wirklich im Bewußtsein des Volkes mitschwingt.

Abgesehen vom Sprachlichen ist es jedoch zutreffend, daß das Verständnis der Revolution als Befreiung und Rettung im Sinne

---

9 Vor allem als Epitheton des Bodhisattva Avalokitesvara.

der chinesischen Kommunisten das ›Heil‹ im Vollsinne tangiert. Es berührt die gesamte Existenz der Menschen und ihrer Gemeinschaftsformen in durchgreifender Weise und ist damit nicht aus dem Bereich zu verweisen, um den es im ›Religiösen‹, im Glauben, geht. Die Meinungen gehen auseinander darüber, ob man dieses Engagement für das menschliche Sein in seiner Totalität als legitimen religiösen Ausdruck oder nur als Pseudo-Religion anerkennen kann. Zwischen diesen beiden Extremen wird von manchen die Möglichkeit vertreten, einen positiven Heilscharakter nicht zu leugnen, aber durch graduelle Abstufung das revolutionäre Heil vom vollen Heil zu differenzieren. Die Frage an uns ist, ob in der Manifestation des neuen Seins, das durch die chinesische Revolution geschaffen ist — und man kann schwerlich leugnen, daß sich in China heute ein neues Sein manifestiert — Gottes Heil verwirklicht ist oder bis zu welchem Grade es sich dort manifestiert oder bis zu welchem Grade es gegebenenfalls verkehrt worden ist.

Es gibt zustimmende Äußerungen, die die chinesische Geschichte als eine Manifestation der Heilsgeschichte beschreiben, z. B. in der Sicht eines japanischen Christen, der den ›Langen Marsch‹ und alles, was darauf folgt, als den neuen Exodus ansieht und Mao mit Mose vergleicht[10]. Ähnlich urteilt das folgende Votum:

»Die Geschichte des Kommunismus ist die Geschichte von Chinas Erlösung. Sie ist das Alte Testament für China: Das Überleben eines Volkes durch den kühnen Glauben seiner Vorhut in ihrer geschichtlichen Bestimmung. Trotz des ›weißen Terrors‹ von Chiang Kai-shek, trotz des Rückzuges in die Berge und des Langen Marsches von 7000 Meilen nach Yenan, dem Heiligen Land der Revolution ... hat das Volk unter der Führung des Profeten Mao zuletzt doch gesiegt.

Sie ist zugleich das Neue Testament Chinas: Der Tod und die Auferstehung eines Volkes, bei der Millionen von Landarbeitern von Hunger und Willkürherrschaft befreit wurden; Frauen wurden von der Vorherrschaft der Männer, Kinder vom Tode gleich

---

10 Kazuhiku Sumiya, The Long March and the Exodus..., in China and Ourselves, ed. B. Douglas and R. Terril, Boston, 1969, S. 189 ff.

nach der Geburt, zahllose Menschen von Unwissenheit und Aberglauben befreit; von Erstarrung zur Tatkraft, von der Zerteilung zur Einheit, von der Namenlosigkeit zum Selbstbewußtsein, von der Entfremdung zur Eigentlichkeit[11].«
Hier liegt die volle Identifikation des Heils im Sinne Maos mit dem Heil der Offenbarung Gottes vor, allerdings um den Preis, daß Heil gänzlich auf immanente Kategorien reduziert wird.
Wenn man sich damit nicht einverstanden erklären kann, so bleibt doch unbestritten, daß Gottes Heil in Jesus Christus zum neuen Sein führt. Dieses neue Sein steht nicht nur transzendent über dem Leben der Christen, sondern sollte sich konkret in dieser Welt äußern. Wenn andererseits in einer geschichtlichen Situation ein neues Sein aufbricht, wie es in China unter Spannungen und Auseinandersetzungen geschehen ist, stellt sich die Frage, in welcher Beziehung dieses zum Heile Gottes steht.
Das ›neue Sein‹ manifestiert sich in China in der neuen Gesellschaft und im neuen Menschen.
Die Revolution verkörpert die Solidarität mit der breiten Masse. Die nichtprivilegierten Schichten umfaßten neunzig Prozent des chinesischen Volkes. Das Recht der verarmten Bauern und ausgebeuteten Arbeiter (Kulis) wird hier in radikaler Weise ernst genommen. Das Proletariat setzt die Norm. In dieser Beziehung kann Mao gelegentlich das Volk als ›Gott‹ bezeichnen[12]. Wer sich ihm widersetzt, verrät die Revolution. Wer sich an anderen bereichert, ist ein Unterdrücker. Das Recht der Unterdrückten darf um keinen Preis revidiert werden. Es gehört dem Proletariat zu und wird von ihm ausgeübt. Das Ziel aber der Diktatur des Proletariats ist die ›große Harmonie‹, *ta-t'ung*[13]. Dieses in der Terminologie der klassischen Tradition umschriebene Ziel wird im Kampf erreicht. Doch Proletarier ist man nicht nur durch Geburt, sondern auch durch Entscheidung. An der Haltung zum Volke

---

[11] Neale Hunter, Religion and the Chinese Revolution, in The Peasant Revolution, ed. Ray Wylie, WSCF Books, Vol. 2. No. 1, Serial No. 4, London, 1972, S. 85.
[12] ›Der Alte Mann versetzt Berge‹, Mao, Ausgewählte Werke, chin. Ausgabe, Bd. III, Peking 1966, S. 1050. Hier ist aber zu beachten, daß Mao im Gleichnis spricht.
[13] Mao, Über die demokratische Diktatur des Volkes, Werke, IV, S. 1406.

und zu seinen Feinden (der Reaktion, dem Imperialismus und Revisionismus) wird die Zugehörigkeit zum Volke offenbar[14].
Die neue Gesellschaft hält das errungene Recht unabänderlich aufrecht. Der neue Mensch lebt unter diesem Recht — für die Gesellschaft, für den anderen. ›Dem Volke dienen!‹ ist die kürzeste Formel für das wahre Menschsein. Wieweit dieser Grundsatz tatsächlich verwirklicht wird, entzieht sich unserer Kenntnis. Aber Besucher Chinas — und nicht nur Teilnehmer an offiziellen Führungen — berichten beeindruckt, daß im Gegensatz zu früher der krasse Egoismus, der die alte Gesellschaft ruiniert hat, nicht mehr offen zu Tage tritt. Es wird kaum gelungen sein, in zwanzig Jahren den ›neuen Menschen‹ zu schaffen. Aber der Nachdruck, mit dem Selbstsucht öffentlich angegriffen wird ohne Ansehen von Rang und Verdienst in der Partei — wie es seit der Kulturrevolution deutlich geworden ist — läßt keinen Zweifel daran, daß man hier versucht, das Grundübel im menschlichen Verhalten anzugehen.
Die Absage an den Revisionismus und seine Kompromisse in der Gesellschaftsform und die Absage an den Egoismus halten sich im Bereich der Immanenz. An dieser Stelle wird zu fragen sein, wieweit durch menschliche Anstrengungen das hochgesteckte Ziel überhaupt zu erreichen ist. Diese Frage aber ist nicht an Mao allein zu richten, sondern an die Welt überhaupt, in der Christen jeweils leben. Dabei sollte aber der Vorwurf, der der Christenheit entgegengehalten wird, nicht überhört werden, ob es in den Kirchen nicht weithin eben doch an der Frucht des neuen Seins in Christus mangelt und nur beim Reden bleibt, aber nicht zum radikalen Tun kommt, das Maos Revolution auszeichnet.

---

14 Op. cit., S. 1412. Zu diesem Zeitpunkt (i. e. 1949) sind *alle* bestehenden Klassen als potentielle Proletarier unter der Frage aufgeführt: ›Wer gehört zum Volk?‹ Cf. Über die richtige Behandlung der Widersprüche im Volk (1957; Peking, 1971, S. 2).

IV. Ansatz zum Dialog

Wir haben gesagt, daß das neue Sein in China das Heil Gottes tangiere. Sofern sich dafür positive Anzeichen aufweisen lassen, bleiben noch manche Fragen offen. Im Blick auf die Herausforderung zum radikalen Tun kann man unumwunden zugeben, daß das Reden von Liebe, Freiheit, Wahrheit und menschlicher Natur als abstrakte Postulate oftmals von der Bourgeoisie für ihre Zwecke mißbraucht worden ist, wie Mao in seiner Rede über Kunst und Literatur 1942 in Yenan sagte[15]. Auch in der Geschichte der Kirche hat man oft genug mit dem Hinweis auf diese Werte die bestehende Ordnung gedeckt, Unrecht bestehen lassen und sich damit den Schutz der Mächtigen erkauft. Mao anerkennt Liebe, Freiheit, Wahrheit und menschliche Natur nur in ihrer Bezogenheit auf die Klassengesellschaft. Als gültig akzeptiert er sie nur bezogen auf die Nicht-Privilegierten, auf das Proletariat. Aber gibt es damit keine wahre Liebe, Freiheit, Wahrheit und gemeinsame menschliche Natur? Gibt es sie nicht als dem Menschen vorgegebene Gnadengabe?

Mao spricht jedenfalls pragmatisch aus der unmittelbaren Erfahrung der chinesischen Geschichte. Im letzten Sinne kennt er auch universal gültige Werte[16]. Aber sie sind ›nicht vom Himmel gefallen‹[17], sondern entwickeln sich gemäß dem Erkenntnisprozeß aus der gesellschaftlichen Praxis, der subjektiven Wertung im Bewußtsein und ihrer erneuten Überprüfung in der Praxis. Absolute Ideen gibt es nicht; selbst die Parteidoktrin unterliegt den Kriterien dieses Erkenntnisprozesses[18]. Den Persönlichkeitskult, in dessen Mittelpunkt Mao während der Kulturrevolution stand, lehnt er ab, wie Edgar Snow berichtet[19]. Entgegen dem allgemeinen Eindruck, daß sich die Revolution völlig in der Immanenz bewegt, hat die Kulturrevolution als konsequente Ausführung

---

15 Mao, Werke, III, S. 809.
16 Siehe hierzu Raymond L. Whitehead, A. Christian's Inquiry into the Struggle-Ethic in the Thougt of Mao Tse-tung, Diss. masch.-schriftl., New York — Hongkong 1972.
17 Mao, Woher kommen die richtigen Ideen der Menschen? (1963), Peking, 1971, S. 149.
18 Mao, Über den Widerspruch, Werke, I, S. 274 et passim.
19 Cf. Life, 30. April, 1971, S. 46 f.

der ›ununterbrochenen‹ Revolution gemäß dem Prinzip des Widerspruchs gezeigt, daß die Gegenwart sich jeweils nur in der Spannung zu der in der Zukunft liegenden Erfüllung vollziehen kann. R. Whitehead hat hier eine Nähe zu der christlichen Erfahrung der eschatologischen Spannung des ›noch nicht‹ und ›doch schon‹ gesehen[20]. Die Erfüllung des Erwartens bei Mao als letztlich gültiges Ereignis ist nicht mehr bloße Immanenz. Allerdings ist der vorgegebene Rahmen, in dem sich das maoistische Denken vollzieht, atheistisch. Diese Feststellung allein verweist jedoch das Denksystem Maos nicht aus dem christlichen Gesichtskreis. Beide Denkstrukturen berühren inhaltlich verwandte Probleme, auch wenn sie von unterschiedlichen Prämissen angegangen werden. Damit sollen nicht Positionen verwischt werden. Jedoch ergeben sich klare Linien für eine Auseinandersetzung, in der trotz des Trennenden gemeinsame Fragen diskutiert werden müssen.

Das trifft auch zu für den Bereich, in dem Eschatologie unmittelbar wirksam wird: Das jetzige Leben des Christen wird von der Zukunft Christi bestimmt. Neutestamentliche Paränese nimmt hier ihren Ausgang. Ähnlich ist es im Maoismus. Als Gesetz geschichtlicher Fortentwicklung besteht die Paradoxie des Widerspruchs. Praktisch wirkt sie sich im Klassenkampf aus. Das Motiv des Kampfes ist dem Neuen Testament nicht fern, aber dort ist es nur verständlich auf dem Boden der vorgegebenen Liebe Christi. Die Spannung zwischen dem Maoismus und dem christlichen Glauben tritt an dieser Stelle am stärksten hervor.

Klassenkampf bedeutet zwar nicht die unerbittliche Ausrottung aller Andersdenkenden. Die Unterscheidung von antagonistischen und nicht-antagonistischen Widersprüchen ist in diesem Zusammenhang wichtig, ebenso die Anweisung, daß antagonistische Widersprüche möglichst in nicht-antagonistische Widersprüche aufgelöst werden sollen[21]. Wo dies nicht möglich ist, bleibt der Klassenkampf in aller Härte bestehen. Hier ist zu fragen, ob Haß und Kampf die letzte Lösung aller Probleme ist oder ob nicht Haß letztlich nur neuen Haß zeugen wird. Daß der Staat

20 Op. cit., S. 169.
21 Mao, Über die richtige Behandlung..., S. 92.

eingesetzt ist ›zur Strafe über den, der Böses tut‹, besagt das Neue Testament. Sofern Staat und Gesellschaft depraviert sind, muß auch diesem Bösen widerstanden werden, wie heute viele Theologen zugestehen. Aber in welcher Autorität geschieht dieses? Wer identifiziert die ›Unterdrückten‹ und ›Ausgebeuteten‹? Wer legitimiert sie, und mehr noch, ihre Sprecher, die die Diktatur des Proletariats für sie im ›demokratischen Zentralismus‹[22] ausüben? Daß es in Maos System hier demokratische Möglichkeiten gibt, mit denen neue Machtkonstellationen gebrochen werden können und permanent erschüttert werden sollen, hat die Kulturevolution gezeigt. Bleibt jedoch im letzten Sinne die Durchführbarkeit der Identifikation der die Macht Ausübenden mit den ›Massen‹ gewährleistet? Sie erfordert Kampf als ein Mittel ihrer Realisierung, also Kampf letztlich im Dienste der Liebe, die allen zugute kommen soll.

Christen werden hier manches zu lernen, aber auch manches zu fragen haben. Letztlich geht es darum, was das Kreuz Christi für die Menschheit bedeutet.

Ng Lee-ming schließt seinen Aufsatz über T. C. Chao mit dem Satz: »Und die Botschaft vom Kreuz war eine reine Torheit für diejenigen, die das Kreuz bereits tragen und es nicht mehr tragen wollten[23].« Er hat damit insofern recht, als er sich gegen die Deutung einer Kreuzesnachfolge wendet, mit der bestehende Ungerechtigkeit bagatellisiert oder gar legitimiert wird. Aber ob die Kirche in China in den vierziger Jahren schlechthin das von Christus gemeinte Kreuz trug, ist zumindest fraglich. Mit der Nachfolge unter dem Kreuz geht es um mehr. Das Kreuz bedeutet Gericht, und es stellt die Zuwendung Christi dar, die in Niedrigkeit und Leiden in die Welt eintritt und damit neue Schöpfung werden läßt. Auch hier geht es um einen Kampf, nicht allein für den einzelnen, sondern für die ganze Welt. Kann man auf die Predigt vom Kreuz eine realistische politische Ethik begründen[24]? Die Antwort auf diese Frage kann sich nur in der eschatologischen Situation ergeben, die das Christsein ausmacht. In

---

22 Mao, Über die demokratische Diktatur . . ., S. 1416; Über die richtige Behandlung . . ., S. 94; S. 132 etc.
23 Op. cit., S. 59.
24 G. Whitehead, op. cit., S. 313.

einer ähnlichen Spannung steht, wie wir gesehen haben, auf seine Weise auch Maos Paradox des Widerspruchs. Hier bleibt noch manches zu klären.

Die tiefere Bedeutung des Kreuzes und die Nachfolge in Niedrigkeit und Leiden darf nicht leichtfertig aus diesem Zusammenhang gestrichen werden. Die chinesische Christenheit hat in letzter Zeit mehr unter dem Kreuz gestanden als andere Kirchen. Sie hat sich davor gescheut, wie andere sich ebenfalls davor scheuen. Aber heute ist die chinesische Kirche außerhalb Chinas — und die Kirche in anderen Teilen der Welt beängstigend wenig darauf vorbereitet, was Kreuzesnachfolge bedeutet. Ihr voller Sinn kann gewiß nur im Vollzug gelernt werden. Er liegt nicht unbedingt im Martyrium, am wenigsten wohl im Martyrium um falscher Gründe willen. Ein wichtiger Aspekt aber der Nachfolge kommt in einem Bericht eines chinesischen Christen zum Ausdruck, der nach einem Verwandtenbesuch in China nach Hongkong zurückkehrte. In China hatte ihm seine Cousine nicht ohne Genugtuung Kirchen gezeigt, an denen man die Kreuze entfernt hatte. Sie gab dazu den Kommentar, der christliche Glaube und die Religion habe sich in China als irrelevant erwiesen. Der Bericht schließt mit den Worten: »Endlich kam die Reise zu ihrem Ende. In der Nähe von Sheung Shui im britischen Gebiet sah ich ein Kreuz auf der Mauer einer Kirche. Und dann kam es mir plötzlich ins Bewußtsein, daß das Kreuz niemals einen Sinn für meine 700 Millionen Mit-Christen haben kann, wenn nicht wir, die wir Christen sein wollen, ebenfalls ehrlich sagen können: ›für andere leben‹ (scil. dem Volke dienen). Anderenfalls, ob es Kreuze gibt oder nicht, wird niemand hören[25].«

---

25 Raymond Fung, ›A Bystander Looking at his Own‹, in Ching Feng, Vol. XVI, No. 1 (1973), s. 31 f.

DIE GROSSE HOFFNUNG

*Jerusalem, neuer Himmel und neue Erde,
ein Ort des Lichtes und der Freude.
Man hört die Schreie der Bedrückten,
die von den Tyrannen vernichtet werden.
Dein Kommen bringt neue Hoffnung
auf ein Leben frei von Qual.
Der Kampf wird heftiger,
die schwachen Waffen gewinnen mehr Kraft.*

*Jerusalem, neuer Himmel und neue Erde,
wo Milch und Honig fließt,
wer ist der Herrscher in jener Stadt?
Der Zimmermann, der in der Krippe lag.
Klassen und Leiden wird es nicht mehr geben.
Unterschiede zwischen arm und reich,
Ausbeutung, Habgier und haßerfülltes Ringen
werden für immer beendet sein.*

*Jerusalem, neuer Himmel und neue Erde,
wo Freude und Frieden wohnen!
Wer ist der Herrscher in jener Stadt?
Das Lamm, das sich aus Liebe erwürgen ließ.
Kein Kaiser wird mehr Kontrolle ausüben,
kein Rassenhaß wird mehr brodeln,
das Schwert wird zur Pflugschar gemacht,
und niemand lernt die Kunst der Kriegsführung.*

Chinesischer Choral, nach Bliss Wiant, Worship Resources from the Chinese, New York, 1969

ARBEITSWEISE UND ERTRAG DER CHINAKONSULTATION

Von Prof. Dr. N. P. Moritzen

Die Konsultation wurde bereits am Anfang in vier Arbeitsgruppen mit je etwa 10 Personen eingeteilt. Etwa ein Drittel der Arbeitszeit diente der Arbeit in den Gruppen. Eine Fülle von Einzelinformationen und Gesichtspunkten kam so zusammen. Nicht immer fügte sich das Gesagte wirklich zusammen; es gab tiefe Differenzen. Die Gruppen wurden gebeten, dem Plenum zu berichten. Dabei zeigte es sich, daß drei Gruppen vergleichbare Berichte vorlegten, während der der vierten Gruppe stark abwich.

Das Plenum beschloß mit großer Mehrheit folgendes Verfahren: Die Gruppenberichte werden vom Tonband abgeschrieben; eine Redaktionsgruppe macht den Versuch eines zusammengefaßten Berichts; beides geht den Teilnehmern zur Stellungnahme zu. Der nun folgende ›zusammengefaßte Bericht‹ ist von der Mehrheit der Teilnehmer brieflich anerkannt worden. Daneben stehen Stimmen, die in etwa entgegengesetzter Richtung vom zusammengefaßten Bericht abweichen — zufällig genau gleich viele, nämlich je drei für jede der beiden Richtungen. Diese Stimmen sollten nicht überhört werden; es hat keinen Sinn, ein einhelliges Ergebnis vorzutäuschen, das keine klaren Konturen mehr hat.

Die Sondervoten in der einen Richtung vertreten die Ansicht, daß der zusammengefaßte Bericht zu positiv von dem neuen China redet; dann müsse mehr über die Leiden und Unfreiheiten gesagt werden, mit denen die Erfolge erkauft sind, und die theologischen Gesichtspunkte müßten klarer heraustreten. Das positive Anliegen dieser Richtung äußert sich in Formulierungen, die die chinesischen Christen und die Alleingültigkeit Christi noch stärker in das Blickfeld rücken möchten.

Einige Sätze:

»Wir sollten die neuen Erkenntnisse der chinesischen Christen, ihre Erfahrungen und Bewährungen, ihre Anfechtungen und

Leiden, ihre Kämpfe und inneren Auseinandersetzungen um bejahte oder aufgenötigte Formen ihrer christlichen Existenz mit Aufmerksamkeit und Liebe verfolgen.«
»Wir hoffen auf Kontakte mit Christen und Gemeinden in China, die uns Gelegenheit geben, uns unsere Gemeinschaft durch Jesus Christus zu bezeugen.«
»Wir sollten den chinesischen Christen in Deutschland ein Heimischwerden in unseren Gemeinden erleichtern.«
»Wir können auch die offenbaren Widersprüche und Blendungen, die Finsternisse und Vergehen in der Selbstdarstellung und in der Praxis des neuen China nicht von einer sicheren überlegenen Position aus beurteilen, sondern werden durch sie zur Selbstkritik aufgerufen. Hinter Licht und Schatten des neuen China wartet auf uns der Herr, der uns durch alles zum Umdenken, zur biblischen Buße, ruft. Das Heil der Welt finden wir nicht im Maoismus oder einer verwandten christusfremden oder christusfeindlichen Ideologie, sondern in Ihm allein.«
Die andere Gruppe möchte ein bestimmtes Anliegen stärker betont wissen. Sie sieht die Dritte Welt in einem Ringen zwischen kapitalistischen Wirtschafts- und Gesellschaftssystemen und sozialistischen Systemen. Und sie vertritt die Überzeugung, daß die Christen auf die Seite des Sozialismus gehören, der nicht im orthodoxen marxistisch-leninistischen und atheistischen Sinn festgelegt bleiben müßte. Wir bringen einen gekürzten Auszug:
»Wir gehen davon aus, daß Gott überall wirkt, vielleicht gerade in China. Wir können nicht von Unterscheidungen wie christliches Abendland hier, antichristliches China dort ausgehen, weil dann Gott wie ein Provinzgott unseres Landes verstanden werden müßte... Ausgehend von der Bibelstelle, die Kyros als Gottes Werkzeug sieht (Jes. 45), haben wir gesagt, daß es Entwicklungen gibt, die wir als Gottes Wirken erkennen müssen, auch wenn sie nicht als solches deklariert sind... Wir können als Christen hinter die chinesische Revolution nicht zurück... Die Christen müssen auf der Seite der Unterdrückten stehen, etwa im Konfliktfall Ausbeutung durch die reiche Welt oder Befreiung auf sozialistischer Linie in der armen Welt.«

CHRISTLICHE VERANTWORTUNG
GEGENÜBER CHINA

Der folgende zusammengefaßte Bericht ist von den Teilnehmern der Konsultation mehrheitlich angenommen.

Gott will, daß allen Menschen geholfen werde. Darum kann die Christenheit nicht das große Volk Chinas aus ihrem Interesse, ihrem Denken, ihrem Gebet und ihrer Bereitschaft zum Dienst auslassen.
Als Glieder des universalen Gottesvolkes wissen wir uns mit den Christen in China zu gemeinsamer und gegenseitiger Fürbitte gerufen. Vor der Gefahr, dabei nur eigene Vorurteile zu wiederholen, kann uns die Bitte eines chinesischen Christen warnen: »Betet nicht über uns oder für uns, sondern mit uns.«
Unser Interesse sollte aber nicht allein auf die Christenheit, die in China eine kleine Minderheit darstellt, gerichtet sein; und es sollte diese Minderheit nicht nur im Gegensatz zum China von heute suchen. Unser Interesse sollte offen sein für neue Entwicklungen, bereit zu lernen und umzulernen.
Dem stehen beträchtliche Hindernisse entgegen. Die Erfahrungen, die zum Abbruch der Arbeit der Mission in China führten, und die Nachrichten über die Schicksale der Christen in China sind noch keineswegs verarbeitet. Andererseits üben das neue China und seine sozialen Erfolge für viele eine große Anziehungskraft aus. Wer heute das Heil der Welt in Christus bezeugen will, kann das nicht ohne die Tiefendimension einer betroffenen Auseinandersetzung mit dem Heilsanspruch des Maoismus tun. Eine Religion — und eine nichtreligiöse Heilslehre — hat man erst dann verstanden, wenn sie einem selbst zur Versuchung geworden ist (Warneck).
Deshalb ist es von großer Bedeutung, mehr Klarheit über die Eigenart und Entwicklung des neuen China zu gewinnen. Wie weit ist es von einem historisch dialektischen Materialismus ge-

prägt, der dem Evangelium keinen Raum läßt? Wie weit greifen Umbildungen und Modifikationen? Wie weit ist in China eine neue Gesellschaft und ein neuer Mensch entstanden? Wie verhält sich die biblische Botschaft zur Wirklichkeit des neuen China?

Wir schlagen deshalb die Fortsetzung und Intensivierung der China-Studienarbeit vor. Sie sollte erfolgen

1. durch Ausbau regionaler Arbeitskreise unter Förderung durch die Missionswerke;
2. durch Zusammenarbeit mit der China-Studie des Lutherischen Weltbundes;
3. durch Fortsetzung der Zusammenarbeit in dieser Frage zwischen dem Evangelischen und Katholischen Missionsrat;
4. durch Beauftragung/Anstellung einer Person mit hoher Sachkompetenz (Chinasekretär) zur Förderung und Koordination der Arbeitskreise.
5. Solche Arbeitskreise sollten die Zusammenarbeit suchen mit ehemaligen Chinamissionaren, mit wissenschaftlich an China Interessierten, mit hier anwesenden chinesischen Christen und auch mit solchen, die von einem besonderen Interesse an dem neuen China erfaßt sind.
6. Die Studienarbeit soll der Kirche dienen; die Gemeinden sollten mehr von China erfahren und zu einer christlichen Sicht angeleitet werden.
7. So sollten die Arbeitskreise Gebetsanliegen, Fürbitten und Hintergrundinformationen für die Gemeinden erarbeiten.
8. Außerdem wären geeignete Hilfsmittel für den Unterricht zu erarbeiten.
9. Auch die Blätter der Missionen und Kirchen sollten geeignete Informationen über China bringen; dazu könnte eine Informationstagung für kirchliche Journalisten nützlich sein.

Die Studienarbeit erscheint uns so wichtig, daß wir meinen, es sollten von Zeit zu Zeit Menschen im Dienst der Kirche chinesisch sprechen und lesen lernen, um zu diesem großen Volk und seinem Leben Zugang zu finden.

Kontakte zum chinesischen Volk

Wir hoffen auf Möglichkeiten des erneuten Kontaktes zu China um des Evangeliums willen. Wir befürworten Kontakte mit China auf vielen Ebenen um des Weltfriedens und der Verständigung der Völker willen.
Wir hoffen auf Möglichkeiten des Kontaktes zu Christen und Gemeinden in China. Dabei wird aber die Initiative und die bestimmende Rolle von den chinesischen Christen ausgehen müssen. Ihre christliche Existenz in der sozialistischen Gesellschaftsordnung ist der wesentlichste Faktor für die Bezeugung des Evangeliums in China.
Wir betonen die Notwendigkeit, die Fehler der Vergangenheit gerade auf diesem Gebiet gründlich zu studieren und bußfertig von ihnen Abstand zu nehmen. Wir nennen die dem Evangelium widersprechende Verflechtung christlicher Mission mit politischen Mächten, die China schweren Schaden zugefügt haben, sowie die Zersplitterung der Christenheit in rivalisierenden Organisationen und ihre evangeliumswidrige Fremdartigkeit und Mißachtung der chinesischen Art.
Deshalb wird, sofern eine Kooperation mit der Christenheit Chinas möglich werden sollte, dabei die Christenheit Asiens und Afrikas eher eine Rolle spielen als die des Westens.
Die bestehenden Möglichkeiten des Kontaktes, z. B. christlicher Rundfunksendungen nach China, sollten unserer Meinung nach nicht wie internationale politische Propagandaagenturen arbeiten und wirken, auch nicht so sehr für oder zu den Christen Chinas sprechen, als vielmehr mit ihnen; darüber hinaus sollten sie auch von anderen Hörern als Stimme von Freunden Chinas erkannt werden können.
Dabei sind die Chinesen in der Diaspora und in unserer Heimat der Prüfstein für die Echtheit unserer Erklärungen. Ihre zum Teil sehr unsichere Lage sollte ein besonderer Anlaß sein, daß wir für ihre Lebensmöglichkeiten eintreten und den Kontakt mit ihnen, den Christen wie den Nichtchristen, suchen.

Die Herausforderung unserer Existenz durch das neue China

Das neue China bringt unter uns bestehende kontroverse Anschauungen und offene Fragen ans Licht. Es stellt eine Herausforderung für unsere christliche und kirchliche Existenz dar. Wir können nicht in der sicheren Position derer bleiben, die die Mängel der anderen Seite aufspüren. Wir sind zur Selbstkritik und zum Umdenken, d. h. aber biblisch: zur Buße gerufen.

Die neue chinesische Betonung der engen Beziehungen zwischen Theorie und Praxis erscheint uns als eine zentrale Anfrage: Widerlegt unsere Praxis nicht weithin unsere Theorie? Erlauben wir dem Wort Gottes, unsere Praxis umzugestalten? Bricht bei uns nicht auseinander, was zusammengehört: das Herz und das soziale Verhalten, die Einzelperson und die Gemeinschaft, das Verkündigungswort und das engagierte Handeln?

Das neue China ist für viele Menschen in den Ländern der Dritten Welt wohl deshalb so faszinierend, weil der Versuch, größere soziale Gerechtigkeit und Freiheit von der Bedrängung durch andere Mächte für das 800-Millionen-Volk zu schaffen, erstaunliche Erfolge erzielt hat.

Aber sowohl die Fragestellungen einer politischen Neuordnung der Welt als auch die Fragen einer neuen, sozialen Gesellschaftsordnung finden uns für einen Dialog schlecht vorbereitet. Wir sind kaum gewillt, uns auf solche Fragen einzulassen, aus Furcht, sie könnten Voraussetzungen unseres Daseins erschüttern. Aber gerade weil es sich um so radikale Fragen handelt, dürfen wir ihnen nicht ausweichen. Wir müssen die Mühe und das Risiko der Auseinandersetzung auf uns nehmen. Sonst kann es sein, daß wir nicht einmal dem Erbe der Kirche treu bleiben. Die weitere China-Studienarbeit darf sich bei aller Spezialisierung nicht als eine Aufgabe am Rande verstehen, sondern muß den Auftrag der ganzen Christenheit sehen und ihm dienen.

DIE CHINA-STUDIE
DES LUTHERISCHEN WELTBUNDES

Bericht von Jonas Jonson

Einer der vier Hauptbereiche, in denen die Studienabteilung des Lutherischen Weltbundes (LWB) zur Zeit arbeitet, ist die Begegnung mit Religionen und Ideologien. Dabei gilt die Hauptaufmerksamkeit der Begegnung der Kirche mit dem Marxismus in verschiedenen Kulturen. Die Begegnung von Glaube und Ideologie erfolgt je nach der Umwelt in verschiedener Weise; sowohl die Gestalt christlicher Äußerungen und die Struktur der Kirchen als auch die marxistische Ideologie und soziale Organisation sind der Veränderung unterworfen. Deshalb haben wir die geschichtlichen und örtlichen Umstände besonders im Auge. Der LWB hat China innerhalb dieser Studie zu einem besonders wichtigen Gegenstand erklärt, und deshalb wird hier das Projekt ›Die Bedeutung des neuen China für die christliche Mission in der Welt‹ vorgestellt:

1. Die Studienabteilung des LWB dient vor allem als eine Zentrale für internationale Zusammenarbeit, Austausch und Verbindungen, und nur gelegentlich regt der LWB lokale Studien an oder organisiert sie selber.
a) Eine enge Zusammenarbeit besteht mit Chinastudien von Kirchen in USA, Europa und Asien. Die wichtigsten sind die des Nationalen Rates christlicher Kirchen in den USA und die der Konferenz britischer Missionsgesellschaften. In Skandinavien erfolgen solche Studien an verschiedenen Universitäten, im Schwedischen Missionsrat und in der Finnischen Missionsgesellschaft. Wir bauen Kontakte nicht nur mit der Bundesrepublik, sondern auch mit einigen Teilen Asiens wie Singapur, Hongkong und Japan auf. Verschiedene Abteilungen des ökumenischen Rates der Kirchen benutzen unser Material, und Verbin-

dungen mit offiziellen wie nichtoffiziellen Einrichtungen der römisch-katholischen Kirche erweitern unseren ökumenischen Horizont.

b) Durch dies Verbindungsnetz können Informationen und Anliegen ausgetauscht werden; außerdem wird der Versuch gemacht, die Ergebnisse professioneller Sinologie zu verwerten. Ein Informationsbrief geht an etwa 500 Adressen in der Welt, und eine Reihe von Dokumenten wird zugänglich gemacht; das Anliegen wird in einer Reihe von Artikeln verbreitet.

c) Dieser ganze Prozeß soll den lokalen, nationalen und regionalen Studien verschiedener Aspekte der China-Frage und ihrer Bedeutung für das Verständnis des Auftrages der Kirche dienen. In einzelnen Fällen unterstützt der LWB lokale Projekte auch finanziell. Ein Beispiel ist die Anstellung eines Mitarbeiters am christlichen Studienzentrum in Hongkong, der das Erziehungssystem in China untersucht.

2. Einige Projekte aber werden vom LWB auch direkt mit Personal und Mitteln unterstützt, öfter auf Einladung anderer Stellen:

a) Eine Studie über das öffentliche Gesundheitswesen in China ist auf Bitten der christlichen ärztlichen Kommission des ÖRK angefertigt worden; man erwartete die Veröffentlichung des Berichts noch im Jahr 1973. Ein Komitee in Hongkong mit einem Fachmann als hauptamtlichem Sekretär hat diese Arbeit geleistet, von der sich christliche und säkulare Stellen einiges versprechen.

b) Eine ökumenische Studie über christliche Sendetätigkeit nach China wird organisiert. Ein örtliches Komitee in Hongkong, das viel Sachkunde in Massenmedienarbeit und einen erfahrenen Fachmann als Sekretär hat, wurde gebeten, seine Forschungen auf die theologischen, ideologischen und politischen Voraussetzungen und Folgerungen solcher Sendetätigkeit nach China zu konzentrieren. Das Ergebnis wird zur immer wieder nötigen Überprüfung von Zielen und Methoden beitragen.

c) Eine Studie über die theologische Bedeutung des neuen China wird in voller Zusammenarbeit mit der römisch-katholischen Forschungsorganisation ›Pro Mundi Vita‹, dem Chinaprogramm

der amerikanischen Kirche und mit einer weiteren römisch-katholischen Organisation geplant. Ein internationales Seminar und ein Kolloquium soll Material erarbeiten, das lokale Studiengruppen bearbeiten können, und man wird lokale Gruppen um Mitarbeit bitten. Wichtige Fragen sind das Menschenbild, die maoistische und die christliche Ethik, Glaube und Ideologie und die Rolle und Bedeutung der Kirche in chinesischer Sicht.
China ist heute eine unüberhörbare Herausforderung sowohl auf politischer als auch auf theologischer Ebene, und das gilt für die Kirche in Asien, Afrika und Lateinamerika besonders. Der Studienprozeß des Lutherischen Weltbundes kann hoffentlich den Kirchen helfen, diese Herausforderung anzunehmen, von China zu lernen, und in weiterer Sicht sie auf erneute Beziehungen zu einer Gesellschaft vorbereiten, die sich seit den vierziger Jahren so sehr geändert hat.

DAS THEMA CHINA
IN AMERIKANISCHEN KIRCHEN

Bericht von Donald E. MacInnis

Das ›Chinaprogramm‹ des Ostasienbüros in der Abteilung Überseedienste im Nationalen Kirchen-Rat wurde 1966 mit Unterstützung von 14 Mitgliedskirchen und Organisationen begonnen. Es ging darum, die verschiedenen Anliegen und Interessen mit einem Büro und einer Mitarbeitergruppe zu bearbeiten. Mehrere Jahre lang war das Studium des heutigen China und seine Interpretation die Hauptaufgabe. Mehrere Bücher und Beiträge in Büchern sowie über 200 Zeitschriftenartikel konnten wir veröffentlichen; dazu hatten wir zwei Mitarbeiter in Hongkong und drei in New York.

Wir gehen davon aus, daß die amerikanischen Kirchen das Anliegen haben, den Gemeindegliedern die beste Information und Interpretation der Entwicklung in China heute geben zu wollen, auch wenn es keine erkennbare Aussicht auf einen Wiederbeginn christlicher Missionsarbeit in China gibt. Wir meinen, daß wir einen wesentlichen Einfluß in der amerikanischen Öffentlichkeit im Sinne der Versöhnung und freundschaftlicher Beziehungen zwischen den Völkern ausüben sollten. Das waren unsere beiden Hauptziele.

In den früheren Jahren war ein Hauptanliegen, in der amerikanischen Öffentlichkeit für eine Beendigung des Kalten Krieges zwischen den Vereinigten Staaten und China einzutreten und so die Chinapolitik der Regierung zu beeinflussen. Die Grundsatzerklärung über China, die unser Hauptvorstand im Februar 1966 annahm, forderte unsere Regierung auf, die Feindseligkeiten einzustellen und eine Annäherung an China zu suchen.

In den amerikanischen Kirchen waren die Meinungen über China geteilt. Einige der ›progressiven‹ Mitglieder unterstützten die

Bemühungen um Versöhnung. Andere fühlten sich zur Unterstützung der wachsenden Kirchen auf Taiwan oder auch zur Unterstützung der Regierung in Taiwan verpflichtet. Auch der Krieg in Vietnam war ein Problem, an dem die Meinungen in den sechziger Jahren und im Anfang der siebziger auseinandergingen.

Ein zweites Hauptanliegen unseres Chinaprogrammes ist Studium und Interpretation. Eine China-Gruppe trifft sich monatlich, die aus Kirchenführern und Chinasachverständigen besteht. Sie arbeitet schon sechs Jahre und hat führende Chinakenner aus Hochschulen und diplomatischen Kreisen sowie Chinabesucher herangezogen. Außerdem veranstalten wir Konsultationen, Konferenzen und Arbeitstagungen über China. Das Chinaprogramm gibt eine Vierteljahrsschrift (die ›China-Notes‹) und für einen begrenzten Teilnehmerkreis Chinaprogrammberichte heraus. Außerdem können uns die Mitgliedskirchen zur Mitarbeit bei ihren Veranstaltungen heranziehen.

Nach ›ping-pong‹ und dem Nixon-Besuch 1972 sind Besuche und menschliche Kontakte viel häufiger geworden. Verschiedene Kollegen und Freunde aus nordamerikanischen Kirchen haben China besucht und mit christlichen Führern in China sprechen können. Darunter waren: Maud Russel, ehemalige YWCA-Sekretärin; Prof. A. Doak Barnett; Pastor James Endicott; Chester Ronning, ehemaliger Missionar und kanadischer Botschafter in China; Pastor E. H. Johnson, kanadischer Missionsleiter; Randolph Sailer, ehemaliger Missionar und Dozent an der Yenching-Universität in Peking. Wir korrespondieren auch mit Dr. John Fleming aus Schottland und anderen in Europa, Japan und Tansania.

Im März 1973 konnte mit unserer Hilfe ein Projekt in Gang gesetzt werden, das ›Amerikanische Landvolkführer und Chinas ländliche Revolution‹ heißt. Unser Hauptsprecher war William Hinton, Verfasser des klassischen Berichts über die ländliche Revolution Chinas ›Fanshen‹. Wir hoffen, daß ausgewählte Teilnehmer dieser Landvolkbewegung China besuchen können, und haben eine Gegeneinladung an Landvolkführer aus China ausgesprochen.

Das Außendienstprogramm soll Veranstaltungen, Arbeitsgruppen und Unterrichtshilfen für die Ebene einfacher Gemeindeglieder in Amerika vorbereiten helfen; dazu wurde das Pfarrerehepaar Thornberry auf zwei Jahre angestellt.

Ein wichtiges Studienthema unseres Chinaprogramms sind die ›Theologischen und missionarischen Gesichtspunkte der Revolution Chinas‹. In diesem Gebiet arbeiten wir mit dem Lutherischen Weltbund in Genf und mit der katholischen Forschungsstelle ›Pro Mundi Vita‹ in Brüssel zusammen.

Verbindungen und Zusammenarbeit mit anderen Kirchen und ihren Chinaprogrammen wurden weitgehend gepflegt. Dazu gehören katholische Stellen in Europa, Asien und Nordamerika, das Chinastudium der deutschen und skandinavischen Missionen, das neue Chinaprogramm des Britischen Kirchenrates, das Chinastudienprogramm des Nationalen Christenrates in Japan, die Studie des Lutherischen Weltbundes und verschiedene Projekte in Hongkong. Außerdem arbeiten wir auch mit säkularen Stellen, z. B. an Universitäten, und mit dem Nationalausschuß für Beziehungen der Vereinigten Staaten mit China (Sitz New York) zusammen. Wir bemühen uns um ein freundliches Verhältnis zu konservativ-evangelikalen Missionen und hatten im letzten Jahr zwei Begegnungen über die Chinafrage mit ihnen.

Für das nächste Jahr rechnen wir mit folgenden Schwerpunkten: Entwicklung direkter und indirekter Kontakte mit Freunden in China; Weiterarbeit im Studienprogramm: Theologische und missionarische Gesichtspunkte des neuen China.

KLEINE AUSWAHL NEUERER CHINA-LITERATUR

Bauer, Wolfgang,
China und die Hoffnung auf Glück, München, 1971

Bush, jr., Richard C.,
Religion in Communist China, Nashville, 1970

Jonson, Jonas,
Lutheran Missions in a Time of Revolution
The China Experience 1941—1951, Uppsala, 1972

Lyall, Leslie T.,
Der rote Himmel, China und die Christen nach der Kulturrevolution, Gießen, 1969

MacInnis, Donald E.,
Religionspolitik im kommunistischen China. Theorie und Praxis in Dokumenten, übersetzt von E. Langerbeck, Göttingen, 1973

Mehnert, Klaus, China nach dem Sturm, Stuttgart, 1971

Opitz, Peter I.,
Maoismus. Mit Beiträgen von M. Meisner, Stuart R. Schram, Benjamin I. Schwartz und Karl A. Wiltfogel, Stuttgart, 1972

Schilling, Werner,
Einst Konfuzius, heute Mao Tse-tung, Weilheim, 1971

Schram, Stuart R.,
Das Mao-System. Die Schriften von Mao Tse-tung. Analyse und Entwicklung, München, 1972

Snow, Edgar,
Die lange Revolution. China zwischen Tradition und Zukunft, Stuttgart, 1973

Weth, Gustav,
Chinas Rote Sonne, Unsere Welt zwischen Mao und Jesus, Wuppertal, 1972

WELTMISSION IN GESCHICHTE UND GEGENWART IN DEN ERLANGER TASCHENBÜCHERN

Ernst Jaeschke (Hrsg.): Zwischen Sansibar und Serengeti, Lutherische Kirche in Tansania	ET 2
Johnson Gnanabaranam: Heute, mein Jesus, Indische Gebete	ET 3
Olov Hartman: Amos '70 — Profetie und Dritte Welt	ET 7
Fischer / Jahn: Es begann am Rio dos Sinos, Lutherische Kirche in Brasilien	ET 9
Erich Viering: Togo singt ein neues Lied	ET 10
Ebermut Rudolph: Indische Reise	ET 13
Kate Wenner: Shamba Letu, Kibbuz in Afrika	ET 15
Johannes Althausen (Hrsg.): Christen Afrikas auf dem Wege zur Freiheit	ET 17
Rolf Italiaander: Partisanen und Profeten, Christen für die Eine Welt	ET 18
Yong Wong Kang: Zwischen Tiger und Schlange, Texte aus Korea	ET 19
Stephen Neill: Geschichte der christlichen Mission	ET 22
Rolf Italiaander: Eine Religion für den Frieden	ET 23
Christoph Jahn (Hrsg.): Frequenzen der guten Nachricht	ET 24
Theo Sundermeier (Hrsg.): Christus, der schwarze Befreier	ET 25
Hellmut Lehmann: 150 Jahre Berliner Mission	ET 26
Walter Arnold (Hrsg.): Evangelisation im ökumenischen Gespräch	ET 29

VERLAG DER EV.-LUTH. MISSION ERLANGEN